毎日、きもの

河村公美

講談社

目次

掲載のきもの、帯、小物類はすべて河村さんの私物です。現在購入できないものも含まれています。

帯締めはすべて『道明』製です(『青山 八木』オリジナルを含む)。帯揚げはすべて青山 八木のオリジナルです。

はじめまして、河村公美と申します。

きもの、楽しいですよね。

お気に入りのきものを着るだけで心がうきうきと高揚し、思わぬところで褒めてもらえたり、着ていくだけで相手に喜んでもらえたり。この本を手にとってくださった皆さんも、きものを着てこそのそうした経験があるのではないでしょうか。

私も子どもの頃から、きものを着るのが大好きでした。

22歳のとき、ミス日本に選ばれたときのことです。コンテスト中、ずっと緊張で足が震えていたのですが、振袖を着て壇上に立った際には不思議と平常心を取り戻し、自信をもってのぞむことができました。

きものは自分のよさを、最高に引き出してくれる衣服ではないか――。当時のそんな実感も、きものを普段のおしゃれ着として選ぶ今のスタイルへと繋がっているように思います。

公私ともにきもので出かけることが増え、自分で着るようになってほどなく、その後に大きな影響を与える出会いがありました。洗練されたセンスの呉服店『青山 八木』と、尊敬するきもの研究家の森田空美《あけみ》先生です。この2つの出会いからは本当に多くを学び、私のきもののスタイルの土台を築くことができました。そしてきものについて知れば知るほど、その世界に魅せられていったのです。

きものを着れば、こんなに豊かで楽しい世界が広がる！

ただ、きものには、着付けや決まり事が面倒で、ハードルが少し高いという印象もあります。でもその最初のハードルも、「あれ？　そんなことだったの」ということが意外に多いもの。楽チンで合理的、かつ現代のライフスタイルのニーズに合う利点も、たくさんあるのです。そんなところもお伝えし、ハードルを乗り越えるお手伝いができればと思っています。

きもの、帯、小物といった限られたアイテムの組み合わせで、着る人の個性や長所、季節などを自在に表現できるきもの。私がご提案するスタイルの中に、その楽しさ、面白さを見つけ、「普段のおしゃれに、きものを着たい！」と思ってくださる方が増えれば、これほど嬉しいことはありません。

光沢感とハリのある、水色が美しい無地のきものは、染織作家、勝山健史《たけし》さんが繭づくりから独自に手がけて織り上げた「綺芙織《きふおり》」。紺色、辛子色に近い黄色、茶色の配色の名古屋帯も、同じく勝山さん作の「スペイン裂《ぎれ》」。帯揚げは淡いベージュ。帯締めは鎌倉組のはしご柄。淡いブルーとクリーム系という公美さんの基本カラーでまとめられた、上質な織りのきもののコーディネートです。

季節の着こなし

公美さんならではの春夏秋冬の着こなしを、まずは拝見しましょう。
四季折々の季節感を装いで表現するのは、きものの醍醐味。
五感を澄ませてコーディネートを考える楽しさが、見えてきます。

春

やわらかな春の光に映える ふんわりとした色を纏う

肌寒さを残しながらも、日差しにやわらかさが感じられるようになれば、きものの着こなしにも、春を意識し始めます。

ふんわりと温かく身を包んでくれる結城紬《ゆうきつむぎ》、それも淡いピンクといった春らしい色のものが、桃の節句の頃には活躍します。帯は、チューリップのような柄が織り出された袋帯で、ふっくらとしたモール糸が温かみを感じさせるものを合わせました。〝早春の名残の雪〟に見立てたイメージです。

どの季節でもいえることですが、きもののコーディネートには、光をすごく意識します。室内にいることが多いのか、屋外で自然光に当たる時間が長いのかなど、その日の過ごし方も念頭に置いて、色合わせを考えます。このコーディネートは、桃の節句の頃のやわらかな日の光に映えるようにと、淡い桃色のトーンで揃えた甘さのある配色です。同じ春でも初夏に近い頃なら、もう少しすっきりとした色みにまとめたいですね。

私は抽象柄の帯を選ぶことが多いのですが、春には季節柄の桜モチーフの帯を締めます。桜柄はとりわけ季節の先取りが必須ですが、締められるのはお花見が始まる前、せいぜい二分、三分咲きといったところまで。野暮にならないよう、「まだ着られるかな」「う～ん、もうそろそろ」と、きもの仲間と開花予報を確かめながら盛り上がるのが、毎春の楽しみにもなっています。

淡いピンクの本場結城紬に、洛風林《らくふうりん》の袋帯「草花段文《そうかだんもん》」。160亀甲《きっこう》絣《がすり》用の細い手つむぎ糸を用いて地機《じばた》で織った本場結城紬のやわらかな風合いと、モール糸遣いの帯といった素材と色で、早春の空気感を表現。サーモンピンクの帯揚げに、帯締めは常《つね》組の小石柄。

夏

上質なおしゃれの極みと涼やかな風合いを楽しむ

夏はとにかく日差しの激しい季節です。その強い光の中で映えるきものといえば、やはり上布《じょうふ》ではないでしょうか。白や藍色といったパキッと潔く振り切った色のものを、日中に涼やかに着こなすのは、夏のきものならではのおしゃれだと思います。

この宮古《みやこ》上布は、織り上げるのに細心の注意が必要な無地の麻織物で、苧麻糸《ちょまいと》の美しさが際立ちます。まさに洋服でいう「ラグジュアリーカジュアル」の極みといえる、大人のおしゃれ着。帯は、ベージュの麻生地に青、グレー、薄茶にシックな赤を配した津田千枝子さんの型染《かたぞ》めのものを合わせます。暖色の入った大柄は私には珍しく、最初は可愛すぎるかと思ったのですが、きものにのせてみるとクールさもあって、お気に入りの帯になりました。

夕方から夜にかけて着るなら、上布ではなく、やわらかもの、織りのきものでも絹のものを選びます。牧山花さん（P73）のきもののように、少ししっとりした雰囲気のものは、夏の夕暮れの気分にフィットする一枚です。

絹はもちろん、麻も着ればゆかたなどの綿もあり、夏は素材のバリエーションが広がり、短い間ながら違った風合いのきものをいくつも楽しめる季節です。また、ゲリラ豪雨に遭っても、例えば小千谷縮《おぢやちぢみ》なら自分で洗うこともできますし、夏は着付けもしやすい。実は夏のきものは、初心者の方にもお勧めなのです。

珍しい無地の生成りの宮古上布は、新里玲子さん作。麻生地に草木柄の型染めを施した津田千枝子さんの名古屋帯と着こなします。ともに洗練されたセンスで人気を集める染織作家です。淡い色みの麻の帯揚げに、冠組《ゆるぎ》の藤色の帯締め。足元はパナマ草履で。

秋

こっくりとした秋らしさ。色遊びで季節感を表現

空が抜けるようにきれいな秋は、色遊びがより楽しい季節です。秋になると、ケーキや和菓子のお店の棚を見ては、美味しそうな色合わせのヒントを探したりもします。例えば、薄い色のきものに濃い色を差すと、こっくりとした秋の風情が表現できます。

田島拓雄さんの紬は、着やすさもさることながら、その布のパワーに高揚感を覚えます。これは私の元祖〝勝負服〟。大切な人に初めて会いに行くときや、主人の傍で控えるシーンより、「私」を前に出して立ちたいハレの場で袖を通す一枚です。背中には銀糸で雪華重《せっかがさ》ねのしゃれ紋を入れています。

帯は場所の格に応じて替えますが、秋の訪れを感じさせたいときは、この高麗《こま》織の名古屋帯。羽織を着るにはまだ暑く、帯付きで歩けるのも秋ならではの楽しさです。後ろ姿で帯の凹凸がよくわかりますが、モコっとした質感をどこかに加えるのは、吹く風に涼しさを感じ始める時期にふさわしいコーディネート。きものや帯に取り入れるのはまだ早いという場合は、バッグに秋を感じさせる要素を取り入れるのもいいですね。

秋は息子の七五三の思い出もあります。お宮参りに誂えた水色の熨斗目《のしめ》の祝い着があまりに可愛くて、羽織に直していっぱい着せようと、京都で数え、東京で満と2年連続でお参りしました。1年で背が伸びて、袴を作り替えなきゃいけませんでした(笑)。

白ねずの紬は田島拓雄さん作。 選び抜いた上質な絹糸と草木染料だけを用いた地機織。シンプルにして力のある布です。帯は洛風林の高麗織の名古屋帯「丁子《ちょうじ》唐草《からくさ》」。焦げ茶にチョコレート色の丁子唐草柄が織り上げられています。 帯揚げと帯締めは紬と同系色の濃淡で。

冬

クリスマス、淡雪、氷合わせ……。冬の着こなしはテーマで遊ぶ

真綿の紬など、冬のきものは洋服より温かく、温度調整もしやすいものです。11月にもなれば羽織、真冬にはコートと、アイテムも増えますから、色合わせの楽しみもまた広がります。

冬の色は、時期によってさまざまです。例えば12月は、やはりクリスマスを意識しますね。黒の江戸小紋とベージュ地の帯といった色数を抑えた装いに、クリスマスカラーの赤や緑を小物で合わせたり。同じ緑でも、1月には松の葉のような和風の色みに替えて、季節の移り変わりを反映させます。同じきものと帯のコーディネートでも、春になれば若草色や水色を小物で挿していきます。

クリスマス然り、イベントが多いのも冬ならではでしょう。時々にドレスコードを設定するのも面白いです。「2月は焦げ茶で」とバレンタインにきもの仲間で集まって、チョコレートっぽさを配色でさりげなく表現する遊びをしたこともあります。また、伝統配色の「襲《かさね》の色目《いろめ》」に倣って、色遊びの着こなしをするのもいいですね。白と鳥の子色を合わせた「氷重《こおりがさね》」や白と白の「氷」という名称の配色は、平安時代からのカラーコーディネートだそうですが、その現代版を作ってみる。「淡雪っぽい色」「氷合わせ」などのテーマで色合わせを考えるのも楽しいです。

寒々しくないようにどこかに温かみがあること、重厚になりすぎない軽やかな抜け感。そんな印象も冬は大切にしています。

「五厘《ごりん》の角通《かくとお》し」という通常の角通しより格子が少し大きな黒の江戸小紋に、石目地紋《いしめじもん》のベージュ地に箔と刺子《さしこ》刺繍で抽象柄を表した染め名古屋帯。シックな色みの千歳緑《せんざいみどり》の帯締め、帯揚げとバッグにワイン色を配して、さりげなくクリスマスカラーを取り入れました。

私のきものスタイル

現代になじむファッションとしてのきもの。そんな美意識をもって、
さまざまなシーンで自分らしくきものを着こなしている公美さん。
普段の日とハレの日と、その洗練されたきものスタイルをご紹介します。

端正で美しい「有水羽絹」の着こなし

ピンクベージュの紬は、勝山健史さんの「有水羽絹《うすはぎぬ》」。羽衣のように軽くしっとりとした風合いの最高峰の絹の織物を自然体で纏う、おしゃれ上級者の装い。ブルーグレーに金色の模様の袋帯は、洛風林の「ミラノ法衣文《ほういもん》」。着る人の内面を表す洗練のスタイルです。

私のきものスタイル①

普段の日の着こなし

シンプルだけど個性が輝く「私」を表現するしゃれ着

私の中には「きものは着るものだ」という思いが強くあります。それも、都市での日常に合うきものを着たい。自然と、紬などの織りのきものを中心にしたスタイルになっていきました。

また、今着るなら、やはりこの時代の空気に合ったファッションとして楽しみたい。古典的な文様のものより、無地などのシンプルなきものと抽象柄の帯の組み合わせを基本に、色合わせや素材感で、シーンや季節に合った私らしい表現を目指しています。

コーディネートを考えるのは、楽しいですよね。日々の小さな気づきの積み重ねで、センスは育っていくのだと思っています。森田空美先生の教室に通いながら、「先生って、なんて素敵なんだろう。私もああなりたい。どうすればいいのかな」と知恵をめぐらせたり、街中できもの姿のおしゃれな女性を見かけては目で追ったりして。青山八木や染織作家の方々など、同じ価値観を共有できる作り手側の皆さんの影響も大きいです。

洋服の世界では、デニムでパーティに出かけるなど、カジュアルでもフォーマルでもない「ラグジュアリーカジュアル」と呼ぶにふさわしい分野があります。優れた手仕事から生まれるきものも、そんなふうに上質なカジュアルという位置付けで、もっと気軽に着る人が増えれば。素敵なワンピースを着る感覚で、自由に楽しみたいですね。私はこのスタイルを極めたいと思っています。

シックな絣柄の麻きもの、盛夏の装い

気軽な気持ちで着られる小千谷縮は、夏に大活躍する一枚。白地に黒の斜め格子と水玉の絣柄でほどよいシックさです。チャコールグレーの紗紬《しゃつむぎ》地《じ》にモダンな唐花《からはな》模様《もよう》の相良《さがら》刺繍の名古屋帯は、青山 八木オリジナル。刺繍は長艸繍巧房《ながくさぬいこうぼう》。藤色の帯締めとクリーム色の帯揚げで。

万筋の江戸小紋は少し改まった気分に

子育て期に重宝したという万筋《まんすじ》の江戸小紋。のちに「本物を」と求めたのが、この藍田正雄さん作のグレーの万筋です。塩蔵繭《えんぞうまゆ》の織り名古屋帯「フィオーレパッソ」は勝山健史さん作。オフホワイト地に濃淡の茶系のレース模様。小物で優しいトーンに。

梅雨期を爽やかにする、清しい春単衣

山口良子さん作の首里のロートン織。ワードローブの中では少し違う雰囲気ながら、育児で多忙を極めていた時期に、ベージュとグレーの縞の優しい色みに癒やされ、よく着ていたという春単衣《はるひとえ》。紗紬地に角唐草模様の相良刺繍を施した名古屋帯と。小物の色も爽やか。

私のきものスタイル②

ハレの日の着こなし

セミフォーマルは制服を着る感覚で、紬の盛装は自由に自分らしく

あらたまった場では、決まり事の範囲の中で自分に似合うきものを着るものだと考えています。制服に近い感覚ですね。結婚式やお茶席などは格を踏まえ、妻や母として参加する行事では、主役は夫や子どもですから、小物などにも遊び心は出しません。

訪問着のラインナップは3枚の袷《あわせ》に単衣と夏物。各季節に対応できるようにしています。帯をシャッフルできるよう、私の基本カラーのクリーム色など、色のトーンを統一。年を取って肌の色に合わなくなったとき、濃い色の訪問着を新たに作るかもしれませんが、しばらくは今のワードローブで十分と思っています。

セミフォーマルのきものは、きものと帯をセットで求めています。訪問着に合わせて帯を探すのは意外に大変なので、帯を先に決め、きものを誂えました。ひと目惚れした山口安次郎さんの帯は、その作り手としての姿勢に感動した主人が購入してくれたもの。北村武資さんの金糸と銀糸の「煌彩錦《こうさいにしき》」の帯(写真上)も、帯と先に出合ってから訪問着を作りました。3枚の袷の訪問着すべてに合う、とても使い勝手のいい帯です。

パーティなどでの盛装は、場の雰囲気を考えつつ、自分らしい好きなきもので自由に楽しみます。勝山健史さんとその糸づくりを支える志村明さんが生み出す「有水羽絹《うすはぎぬ》」や「綺芙織《きふおり》」、意志の強い女性に見せたいときに着る田島拓雄さんの紬は、私にとって織りの晴れ着の代表格。盛装にはゴージャスな帯を合わせます。

名匠の帯は、お宮参りや七五三にも

白地に水金糸の七宝華文の唐織《からおり》の袋帯は、山口安次郎さん晩年の作。青山 八木好みの色みで作られた特別な一本です。帯に合わせて同じく青山 八木で誂えた訪問着は、顔映りのよい卵色の地に長艸繡巧房による唐花模様の刺繡と、霞をあしらった上品な佇まい。

甘やかな染め帯にシックな色みの付け下げ

手描き友禅に刺繡がたっぷり施された名古屋帯も、ひと目で気に入ったもの。石目地紋の白地に小袖《こそで》写《うつ》し模様（P44）です。公美さんには珍しく赤の分量が多い帯。合わせて選んだのは、淡いブルーグレー地に相良刺繡で白の角唐草模様が描かれたシックな付け下げ。

ことほぎの場が華やぐ手刺繍と京友禅

長艸繍巧房作の袋帯は、かなり迷っていたところを、誕生日にご主人がプレゼントしてくれたそう。石目地紋の金通しの白地に、白や金糸の宝尽くし柄の刺繍が施されています。きものは水色地に雲《くも》取《ど》りと雪輪重ね。公美さんの訪問着の中でもっとも古典的な柄ゆきです。

〝氷っぽさ〟でまとめた盛夏のセミフォーマル

「モダンで涼しげで私らしいものを」と求めた、霞ぼかしの夏の付け下げ。薄いグレーの紗紬の素材感がさりげない個性に。羅《ら》の八寸帯は北村武資さん作。唐組《からくみ》の帯締めがアクセントです。御所解《ごしょどき》模様の夏帯（P77上）を合わせれば、より軽く、帯メインの着こなしに。

光を集めて艶めく、織りの冬のドレスアップ

軽やかさと水を湛えたようなしっとり感が特徴の、勝山健史さんの「有水羽絹」。スーツの男性が多いパーティでもなじむグレー地ですが、光を集めて奥ゆきのある色に。袋帯は洛風林の「ベネチア小花文」。帯締めは「三井寺《みいでら》」。帯揚げに桔梗色を挿しています。

column

私のきものヒストリー

自信を育んでくれた「きもの」の記憶

2歳ぐらいの頃でしょうか。曾祖母の横に座って絵本を読んでもらっては、曾祖母が着ていたきものを手で触っていた記憶があります。

「この手触りの感じは、おばあちゃんが畑に行ったり、私と一緒にお昼寝していいやつだ」「ガーゼのタオルを敷いてるってことは、私によだれを垂らされるのは嫌なきものかな」などと、子どもなりに察していました。曾祖母は毎日朝早くにささっと身支度を整え、一日中きもので過ごしていた人です。半幅帯ともんぺで家庭菜園の作業をし、終わればもんぺを脱ぎ、お昼は割烹着を着て、お客様となれば名古屋帯に替えて……。

今から思えば曾祖母は、ウールや銘仙《めいせん》、曾祖父の大島紬の仕立て直しなどを普段から着ていました。そして、私もおばあさんになったら自然にそうなると思っていました。

きもの好きな母のおかげで、私もきものはよく着せてもらっていました。初めて晴れ着を着た3歳の七五三は、特に嬉しかった！脱ぐのが嫌だと遅くまで起きて、どうにかきものを着たまま寝ようとしました(笑)。赤い鹿の子絞りのきものでした。7歳のときは紺地に花柄。それもやっぱり脱ぎたくなくて……。きものを着たときのそうした高揚感は、今でもよく覚えています。

夏のゆかたやお正月のウールなど、きものになじんでいたからか、22歳でミス日本のコンテストに参加した際、振袖を着てお茶を運ぶという審査では、〝自分の場所〟に帰ってきた気がしました。水着やドレスのときは頭の中が真っ白で、足が震えて仕方がなかったのに、きものでは落ち着いていられたのです。

ミス日本の1年の任期の間も、きものに助けられました。

「ミス日本」というたすきをかけてステージに上がっていると、いろいろな気持ちが湧いてきます。一生懸命誇りをもって務めを果たそうとする一方、何もしゃべらず笑顔で手を振っていると、「私のアイデンティティはこのたすき？　私は衣紋《えもん》掛け？」と考え始めてしまったり。ミス日本という肩書を外した自分はそもそも何者なのか、1年の間に考えてみようと思いました。

壇上でライトを浴び、華を添える態でいる私は、どう見えるのだろう。そう考えていると、次第に観客の反応が目でわかるようになってきました。評価を感じることが多かったのは、やはりきもののとき。私の中のきものへの安心感や愛着が反映したのか、きものに心を守られている感覚もありました。

ドレスが似合う努力もそれなりにしたのです。でも、なかなか自信がもてなかった。「私はドレスじゃなく、きものだ」。そう覚悟を決めるのには少し時間が必要でしたが、次第にきものをもっと着こなしたいと思うようになりました。きものが自信に繋がったのは、子どもの頃から「似合うね」といわれたのがいつもきものを着ていたときだったことも、関係していると思います。

任期中は目上の人との食事会も多く、とはいえ、私のような若い女の子が毎回新しいスーツを買えるわけもありません。そこで、母が作ってくれた小紋などで出かけていました。きものなら毎回同じでも恥ずかしくない。衣装代の節約にと着付けも習いました。自分で着たとわかると、周囲から「がんばったね」と褒められ、そこでまたもっときれいに着たい！と思うのです。

きものは、着るだけで相手に喜んでもらえる。そして私自身にとっても、居心地のよいものだったのです。

「好き」を極めるスタイル。仲間との出会い

衣装ではなく、もっと身近な日常で着るものとしてきものを着たい。そう思い始めたところに、母が絣入りの黒の結城縮を誂えました。雑誌『和樂』で、森田空美先生の紬のコーディネートを拝見したのもその頃。私は小紋や訪問着も大好きですが、パーティや会食の場には素敵でも、普段には華やかすぎると感じていたのです。だから、母のその織りのきものの風合いや、森田先生の世界観に魅了されていきました。

それ以前は、地元のデパートや銀座の呉服店できものを見立ててもらっていました。ただ、柄ゆきや帯合わせにピンとこなかったり、八掛《はっかけ》の色を目立たせるのが不思議だったりも。また、「きものはこういうもの」と一方的にいわれることもあり、自分の中にいろいろな疑問が残っていたのです。

それを晴らしてくれたのが、東京・青山の呉服店、青山 八木の八木健司さんでした。雑誌で森田先生のファンになった母が、「行

きたい」と誘ってくれたのです。そこで初めて、「これこそ私！」と思える一組のきものと帯（P53）に出合いました。近代的な都市の空間で着ても浮きすぎず、ファッション好きな人たちとの女子会でも喜ばれるセンス。同じきものの価値観の人を見つけたのです。結婚した少しあと、26歳のときでした。

　このきものと帯を着こなすには、森田流の着付けをできなければ意味がないと、八木さんに紹介していただいたのが森田空美先生です。きもの教室の場所もちょうど、青山 八木の近くでした。森田先生のセンスに惹かれながらも、「自分にはまだ早いかな」「教えてくれるのは別の人よね」ともじもじしていたのですが、門戸を叩いてみれば先生ご本人が出ていらして、俄然やる気に（笑）。プライベートレッスンから始め、やがてコースに加わり、高等師範科へと進み、今はプロ科に在籍しています。

　当時の私は主人の仕事の関係もあって、着る洋服は黒が中心でした。そして一緒にいるときは、目立たないようにとばかり考えていました。それもあって、色で遊ぶスタイルが楽しくてしょうがなかった。青山 八木でシンプルな反物をキャンバスに見立てて帯を合わせ、いろいろな色の帯締めや帯揚げをのせていると、それはそれは面白くて。同時に、「好きだ」と思うものを突き詰める森田先生のようなきものライフを目指したい、と強く思ったのです。

　きもの教室では仲間との出会いもありました。きものという大好きな世界を共通項に、母親世代やそれ以上の人、20代の人もいて、職種もさまざま。「衿が決まらなくて」と慰め合い、「先生のあの帯揚げ遣い、たまらないよね〜」と盛り上がり、何時間でもきものトークは続けられます。きもの仲間との会話は、必ず楽しい気持ちで終わるのです。お稽古のあとは、近くの青山 八木に立ち寄り、素敵なきものに触れてもいました。教室でひとつひとつステップが上がる楽しみ、クラスメートと切磋琢磨する面白さ。私は仲間にも恵まれていると思います。

　子育てなどで精神的につらいときも、きものに癒やされました。「こんな調子で行ったら、教室の空気を乱すかな」という気分の日も、晴れやかになって帰ってこられるのです。着付けをしていると、一つの作業、指先の感覚、今という瞬間に集中して、無心になります。まるでインドの〝ヴィパッサナー瞑想〟（笑）。逆に、もやっとした気持ちのままだと、帯もおはしょりも決まりません。先生に「河村さん、ここはこうよ」と帯揚げをぐっと直されると、心の中の澱《おり》が流れていくような感覚もありました。疲れたときに着ると気持ちがすっきりしたり、きもの仲間が集まる場所に行くと、「何か悩んでいたっけ？」とリセットできたりする。きものには、そんなセラピー効果もあると体験的に思っています。

未来につなげたい、ファッションとしてのきもの

私が「毎日、きもの」を実践したいと思うようになったのには、いくつかの要素が重なっています。一つは、大学3年生でフランスのリヨンという織物の街に留学したときの体験です。「民族衣装

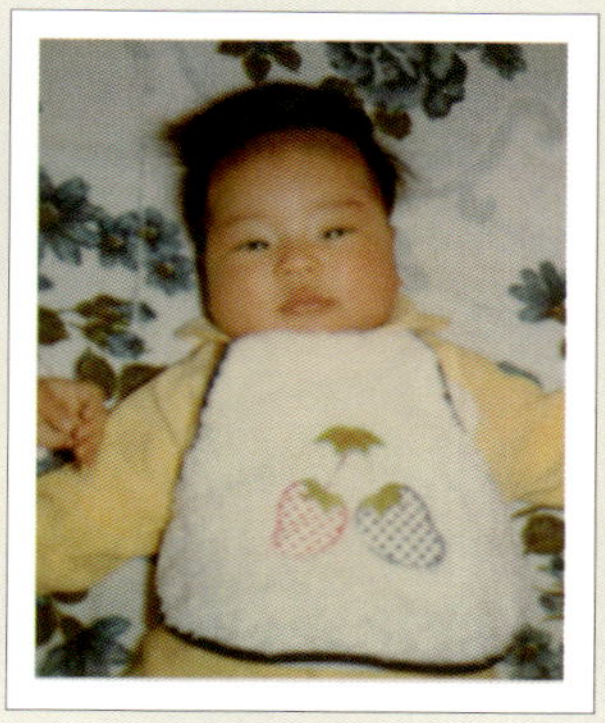

いつも着ていた クリームとブルー

1979年の夏の終わりに、静岡県の〝かぐや姫の里〟と伝わる街に生まれました。ベビー服はクリーム色やブルー。子どもの頃の洋服もブルーのものが多く、父とのツーショットもお揃いのブルー。

初めての晴れ着。小さな恋もゆかたで

3歳の七五三では、前髪をパッツンと切ったマッシュルームカットで、赤い鹿の子絞りのきものを着せてもらって大満足。ゆかた姿は幼稚園の年少時。結婚するつもりだった(笑)1つ上の男の子と。

折々にきものに親しんだ子ども時代

母とお揃いの、紺色に花柄の晴れ着は7歳のお祝い。ゆかたは毎年作る習慣で、これは9歳のときです。小さないとこは一反で2人分。12歳のお正月は母のお古で初めて大人のきものを。妹と一緒に。

なのに、自分で着られないの？」と外国人の学生に聞かれ、「きものは美容師さんに着付けてもらうから」と説明したものの、「おばあちゃん、自分で着てたよね。あれ？」と、自分でも内心、腑に落ちなかった。日本人として、やはり着られるようにならなければと、そこで痛感したのです。

またフランスでは、「この人はどうして素敵なんだろう」とカフェなどでおしゃれな人を観察していました。ファッションや色彩にもともと興味があったのです。きものを着始めたときも同じで、「この人はブルーよりイエローベースがいいのでは」「ああ、あの朱色が違うんだ」「優しい目だから、こんな雰囲気のきものが素敵」と、街中のきもの姿の人をこっそり自分なりにコーディネートして、楽しんでいました。

京都に住んだことも大きいですね。別宅を構えるのを機に子どもと1年半ほど住んでいたのですが、毎日きものを着て、茶道の稽古に通い、公園の砂場に入って滑り台にも乗りました(笑)。そのときのきものはウールや木綿など、簡単に洗えるものです。着やすいものではなかったので、着付けの練習にもなりました。

京都では「きもので子育て？　全然大丈夫よ」と、「武士は食わねど高楊枝」を装う状況でしたが、とても充実した貴重な経験でした。息子にきものを汚されても、動じなくなりましたから(笑)。

きものは、私のライフスタイル、現実的なニーズにも合っています。主人に付き添っての外出時でもきものは便利。華やかな染めのきものでは目立ちすぎますが、職人の技が効いたシンプルな織りのきものなら、出ず入らずのいいさじ加減で、しかもこだわりも表現できます。

主人もきものに凝った時期がありました。「いろいろな本を10冊読むより、この分野と決めたものを60冊読めば、その道のプロとでも語れる」という考え方の持ち主です。また「今年の流行りはこれ」とたとえプロにいわれても、「俺は嫌だから」とにっこり笑って自分がいいと思うものを貫く。そのハートの強さに私も刺激を受けています。私が迷っていると、「100％満足するものを先に求めれば、長く楽しめる。憧れのものを先に手に入れたほうが、寄り道をしないですむから、結局は無駄がない」と背中を押してもくれます。

きもののおかげで、私は自分の意思をはっきりもてるようになりました。優柔不断でなかなか「NO」といえないタイプだったのですが、自分の好きを極めたいと思うきものの世界では、「これは私に合う、合わない」ときっぱり思えるのです。

「美しいキモノ」での連載も4年目を迎えました。今では、少しずつですが着付けを教えることも始めています。教えていると、森田先生の言葉があらためて自分の中に降ってきます。また、「こんなことがきものを着るうえでのハードルになっているのか」と、気づかせてもらうこともたびたびです。そうした壁を取り払って、きものに親しむ人をもっと増やしたい。次世代の人たちが、きものを着ることを身近に感じられるようにしたい。そんな役割もこれからは果たしていきたいと思っています。

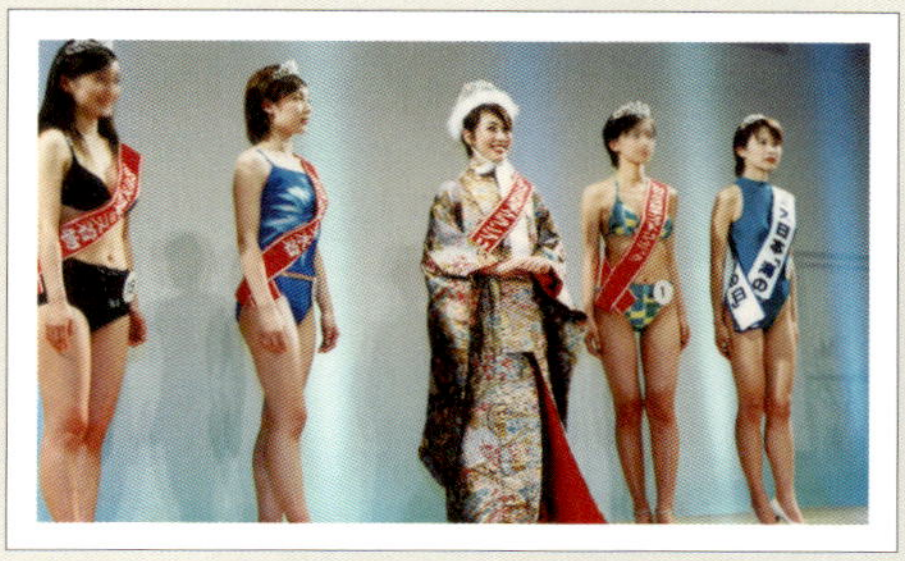

成人式に「ミス日本」、華やかな振袖時代

成人式当日は体調が悪かったものの、どうしても大好きな束ね熨斗模様の振袖を着たくて、無理を押して記念撮影。ミス日本になったのは22歳。色柄の鮮やかな振袖を着る機会が多かったです。

やわらかもの中心に着ていた20代前半

お正月には家族できもの。妹の卒業時は初めての訪問着を着ました。薄いグリーンの小紋は23歳の春。着付けは自分で。ブルーに黄色が入った村山大島紬は母の見立て。結婚直前の25歳の頃です。

今のスタイルで「美しいキモノ」デビュー

青山 八木の八木健司さんと森田空美先生との出会いから、自分らしいきものスタイルを目指すようになりました。「美しいキモノ」2013年秋号に、田島拓雄さんの黄櫨染《こうろぜん》の紬を着て初登場。

私のきものルール

きもの、帯、帯揚げ、帯締め……。決まったアイテムの組み合わせで着こなしは決まります。では、美しい着姿は何が決め手なのでしょうか。八つのルールで、公美さんのきものスタイルをひもときます。

ルール一

「似合う」を極める

愛せるきものの選び方

「ベース＋性格＋着付け」が私らしいきものの基本式

最近よく考えるのですが、きもの選びは「私は誰か」をひもといていく作業のような気がします。私はどんな人間かな？　肌の色は？　性格は？　何が好き？　今ここで着るべきものは？　どんな気分？　着たいものは？　そうして自分と向き合っていく。

買うことも、着ることも、着続けることも、「私は誰か」を問いかけながら進んでいけば、本当に必要なものだけを選ぶようになり、コーディネートもそうそう失敗しなくなるのです。

「似合う」とは、モノと自分が互いに似るということです。似合う色や素材というベースに、性格や気質、生き方が合わさり、きものの場合はさらに着付けが加わります。その人が真面目な性格なら、モノ選びや着付けにその雰囲気を意識する。見えない部分をいかに着姿に表現できるかが、その人らしさに通じるわけです。

私の場合、シックな要素は森田先生に影響を受けていますが、先生と私の性格はやはり違います。先生の研ぎ澄まされたシンプルさに比べると、私はおっちょこちょいなところがありますから、帯の柄などにぽわんとした甘さが加わります。そうやって自分の気質を突き詰めることが、美しい着姿への早道だと思います。

人から「似合う」といわれても、「それは私じゃない」ということもありますよね。それはバッサリ切り取りましょう！　「私が好きな私は、私じゃなきゃわからない」のですから。

いつ着ても心地よい、しけ引きの小紋

「これは私！」と出合った瞬間に思ったという、水色のしけ引き小紋（P53）は、まさに「似合う」きもの。白地にグレーがかったパステルトーンの花模様のふくれ織りの名古屋帯は、洛風林の「競《きょう》花《か》錦《にしき》」。帯の色調に合わせて、冠組の白と茶色の帯締めを選びました。

ルール二

「自分のベーシックカラー」をもつ

似合う色の見極め方

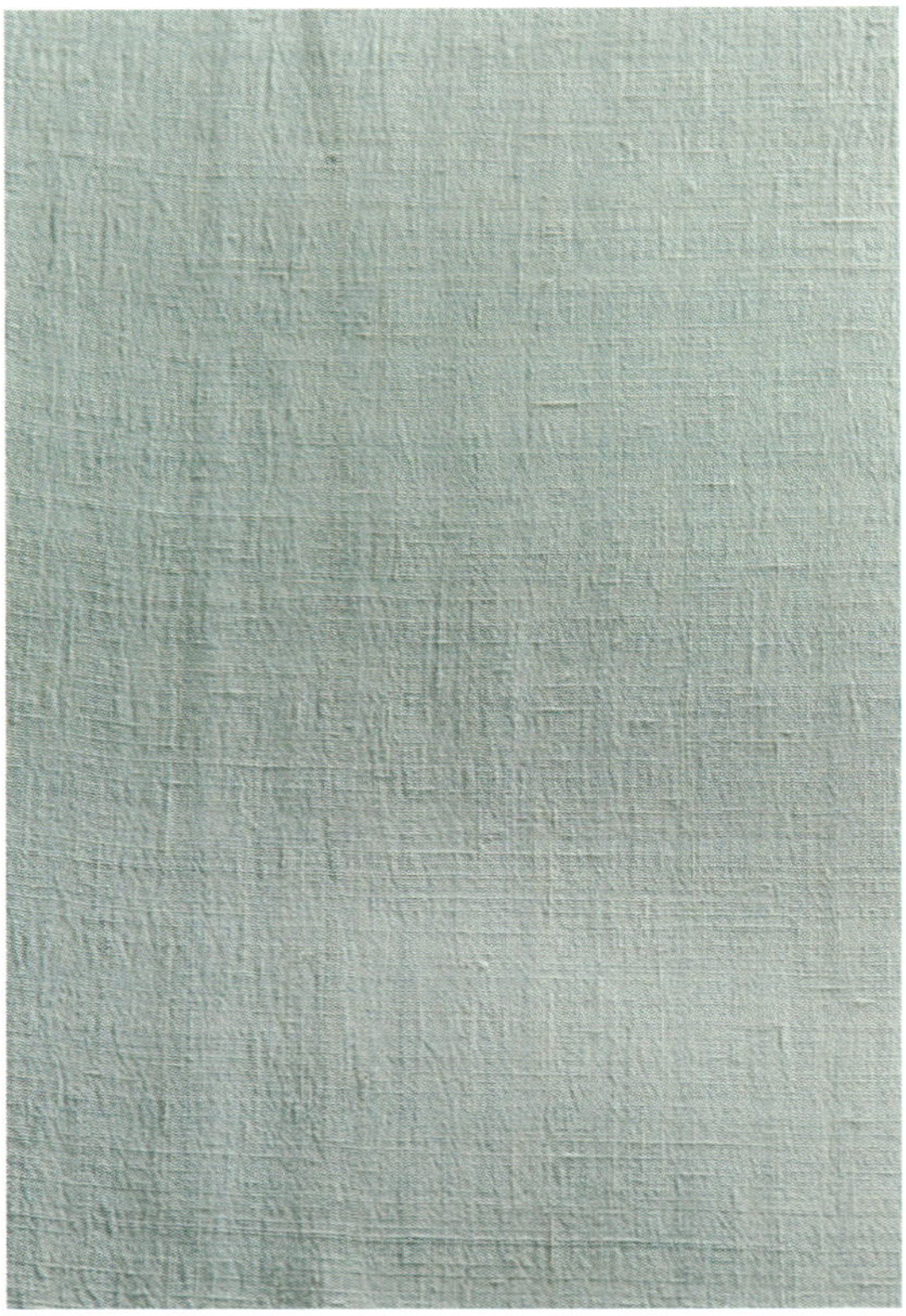

安らぎを感じる色、大人になって出合った色

私は自分の基本カラーを、淡いブルーとクリーム系の2色に決めています。浅葱《あさぎ》色の単衣の結城縮(写真上)や、卵色と水色の訪問着(P23、25)などのきものがそうです。

ただ、色にはトーンの違いがあります。同じ黄色でも、山吹のような赤みを含む色では、私の肌のくすみや黄みが立ってしまう。そこで、白目の青さを引き出す卵色を選びます。自分の顔の中の引っ張り出したい色を、引き出してくれる色を選ぶのです。

この2色は、好きな色というより子どもの頃からよく選んでいた色でした。小学生のときは、生地の質感やデザインが微妙に違うブルーのスカートばかりはいていたことも。そしてあるとき、昔の写真を見ていて気がついたのです。ベビー服がこの2色ばかり(笑)。知らず知らず安心感を覚える色なのかもしれませんね。

色を選ぶ際は「2枚かける」が鉄則。1枚だけだと無難に似合うものになりがちです。呉服店で好きだと思う反物を何種類か並べてもらい、両肩にそれぞれかけます。そうすると「断然こっち!」とわかり、より似合う色を絞り込めます。人からのアドバイスを聞きすぎないのも大事。自分の「好き」を貫きましょう。

帯選びは、合わせるきものに「のせて確かめる」。きものの色の微差は繊細だからです。そして、色は自然光で見る。照明の光に赤みがあったり、顔に影ができる角度では、きものの顔映りが把

握できません。これは世の呉服店にも提言したいところです。

自分にとってのベーシックカラーの基準は、顔色がパンッと明るくなることです。必ずそんな一枚が見つかるはず。さらにそこから発展させていくと、「意外とこんな色も私らしいんだ」というのがわかってきて、着こなしの幅が広がっていきます。

私にとってはピンクが、きものを着るようになって発見した色でした。淡いピンクの結城紬（写真上／P9）を初めて合わせたときは、「私が着ちゃってもいいんですか？」とどきどきしました。昔からピンクは妹の色で、私にとっては甘えん坊の象徴だったからです。そして、「しっかりしなきゃ」の表れがブルーでした。それがピンクでもいいんだと、〝お姉ちゃん〟として我慢してきた部分が開かれたのです。これもきもののセラピー的な作用ですね。

きものの質感や素材も、色を選ぶうえでとても大切です。洋服のカラーコーディネートではよく、いろいろな色の布を顔に当てて似合う色を探しますが、きものは素材が変われば、繊維による光の反射が変わり、肌映りがまったく違ってきます。

私はある時期、大島紬をよく着ていたのですが、ふと「似合うというより、ヘンにハマりすぎている」ということに気づきました。自分の中の出したくない要素まで引き出されていたのです。同じくツヤ感があって雨に強い織物なら、大島紬のフラットな質感より、綾織の八丈織のほうが私には合うことも発見しました。

似合う色は年齢でも変わります。これまでは透明感のある色が多かったのが、少しくすみのある色が好きになってきました。田島拓雄さんの黄櫨染の紬（P33）を着る頻度も増えました。

夏大島はブルーの濃淡で清涼感を強調

「同じ大島でも夏大島は私のよさを引き出してくれる」と公美さん。水色にみじん格子の夏大島に、薄いグレー地に藍の濃淡の花織で市松風の柄を織り出した糸数江美子さん作の八重山上布《やえやまじょうふ》の名古屋帯。フルラのバッグも水色で。帯締めの紺が、全体を引き締めます。

桜配色でまとめたピンクの結城紬

淡いピンクの細縞の本場結城紬に、勝山健史さん作のオフホワイト地にベージュの引き箔が施された織り名古屋帯「シリア象嵌《ぞうがん》文」。青山八木がルーブル美術館の所蔵品に想を得た文様です。帯締めは淡いグリーン。コーラルピンクのクラッチバッグがアクセント。

ルール三

シンプルでいて華がある

地味に終わらないスタイル術

上質な糸、禁色、金銀の箔……。ひと技で、さりげなく華やかに

究極にシンプルな「有水羽絹」（P27）を例にしましょう。糸の力だけで勝負しているような繊細な織りのきものです。地色こそシックなグレーですが、光を集めたときのツヤがすごい。地味に転びそうな色も、生地の上質さでドレッシーな華が生まれます。

どんなにシンプルでも、「これは私にふさわしい？」と自身と対話するように色みや生地のツヤ感、風合いなどを考えて選んだきものは、自分にとって最強のサポーターとなります。実際きものは、被写体に光を反射させるレフ板のようなもので、きちんと選ばれたものなら、確実に顔映りがよくなって、着ていても自信がもてるもの。着る人の自信は、華やかさにつながります。

着こなしにあえて〝ノイズ〟を少し加えることで、華を添える場合も。例えばP24のコーディネート。うんと控えめな淡いブルーグレーの付け下げに、私にとっては禁色《きんじき》の赤をあしらった手描き友禅の帯を締め、普段と違うハレの気分を取り入れています。

左の写真の染めの訪問着は、私の基本カラーのクリーム系の中でも、秋の単衣用にと色みを決めたものです。こちらもシンプルで控えめな柄ゆきですが、金銀の箔がさりげなく華やかです。

小千谷紬や綿薩摩《めんさつま》といったカジュアル素材は、シンプルな無地だと私の場合、〝男前〟な辛さが出すぎてしまうので、格子などの柄が入った軽やかな印象のものを選び、華やかさを調整します。

秋色で上品な華を引き出す単衣の盛装

青山 八木で誂えた金銀箔と刺繡の訪問着。オレンジ寄りのクリーム色のグラデーションの地色に、菱模様を入れて。薄茶色の地に葡萄や菊といった秋草の吹《ふ》き寄《よ》せ模様が織り出された盡政《じんせい》の袋帯を合わせ、9月後半の秋単衣の装いです。帯締めもこっくりと濃い秋色。

引きの視線に映える手描き友禅の赤

P24に登場した名古屋帯のお太鼓。普段は使わないという赤を挿した帯を使うことで、ハレの盛装に。〝帯締め〟マニアという公美さん。配色違いを何本か揃えているという唐組（上）と、御岳《みたけ》組の「糸竹」（下）はまさに〝華アイテム〟です。

格子柄の綿薩摩に紅型の帯でクールに

お子さんの端午の節句を祝う食事会など、初夏の頃には上質な木綿のきもので。〝男の子のお母さん〟らしくクールな配色。サンドベージュ地に絣柄の綿薩摩と、城間栄順さん作の紅型《びんがた》の名古屋帯。茄子紺の帯締め、ウッドビーズのクラッチと、小物を効かせて。

ルール四

「なじませる」か「効かせる」か

季節を表す帯合わせの法則

帯締め一本で印象が変わる きものの小物の色選び

私の帯合わせは、抽象的な柄の帯を中心に、小物の色で季節感を表すスタイルです。そして、「きものは限りなく自分に似たもの、帯は今の気分や気持ち、小物は季節感」が着こなしの基本。パーティでドレッシーにしたいからしゃれ袋、カジュアルダウンしたいから染め名古屋……というのが、〝今の気分〟の例ですね。

小物の帯合わせは、「なじませる」か「効かせる」かで色を考えています。自分のスタイルを探求し始めた頃は、断然なじませる派だったのですが、今は両方の帯合わせがいいと思っています。

色選びの基準は、何を主役にしたいか。もし帯を引き立たせたいなら、帯締めはなじませます。例えばP9のチューリップ風の柄の帯は、同系色の帯合わせでは柄が立ちますが、P60の強い柄の帯締めでは、白い帯に見える。目の錯覚が働くんですね。

全身を遠目に見たときに1色に見せるか、2色使ったバイカラー、もしくは3色のトリコロールにするかでも、色合わせは考えられます。夏はきものが薄い色なので3色にすることが多く、一方春は、全体を淡いパステルトーン1色にしたりもします。

色を決める2大要素は「空気感」と「光」です。だからこそ、「この季節、この天気、この場所でおしゃれに見えるのはどんな色か」と、色遊びの感覚で考えてみましょう。きものは洋服以上に「今、ここ」に意識が注がれていくものだと思います。

江戸小紋に甘さを加える色遣い

「五厘の角通し」の黒の江戸小紋に、勝山健史さんのオフホワイト地にレース模様が織られた名古屋帯を合わせて。帯合わせ1例目は、帯の中から薄い黄色を引き出して、栗皮茶の帯締めを乗せました。帯揚げは薄い紫がかったピンク。きりっとしたきものをベースに、やわらかく甘さのあるトーンの小物を選んだ帯合わせです。

濃い色の小物で帯の印象を変えて

上の写真と同じ角通しの江戸小紋とレース模様の織り名古屋帯の組み合わせですが、こちらは帯の柄色の中から焦げ茶色を引いた帯合わせパターンです。帯締めは上と同じく冠組の無地で、濃い茶色を選択。帯揚げはアプリコットに。「効かせる」帯合わせで、1例目のやわらかさとは違った、潑剌とした雰囲気が生まれています。

格調のある落ち着いた帯合わせ

菊池洋守さんの八丈織は、紫が織り込まれた銀ねず色で、上質な光沢感のある織りのきもの。帯は、焦げ茶色に銀ねずで織り出された、洛風林の高麗織の名古屋帯「アスターナ華文」。帯締めは笹波《ささなみ》組で、焦げ茶と相性のいい藤色を選び、格調高さの中に軽やかさを加えて。紫の反対色、淡い黄色の帯揚げで色のバランスを取ります。

帯の配色を生かし小物も優しく

同じく菊池洋守さんの八丈織に、上山《かみやま》紅子さんの織り名古屋帯。ベージュ、グレー、水色など、同じトーンでまとまった配色の吉野格子の帯です。帯締めは、帯の中の濃いめのグレーを引き、単調にならないよう白ねずとの2色で組まれた冠組をセレクト。帯揚げの水色も帯から引いた1色。上とはかなり異なる優しい雰囲気です。

江戸小紋に小倉縞。モダンな組み合わせ

「五厘の角通し」の黒の江戸小紋に、築城則子《ついきのりこ》さん作のグリーン、オレンジ、パープル、水色などからなる小倉縞《こくらじま》の織り名古屋帯を合わせました。モダンなコーディネートに合わせる帯締めは、帯の中にある茄子紺よりワントーン落ち着いた色を。帯の縞になじみすぎない立体感のある冠組を選んでいます。帯揚げは紫みの強い藤色。

茄子紺の帯締めを万筋の効かせ色に

藍田正雄さんの万筋のグレーの江戸小紋に、箔と刺子刺繍が石目地紋のベージュ地に施されている染め名古屋帯。帯締めは茄子紺の笹波組で、帯揚げはクリーム色を合わせました。きりっとしたモダンな印象の江戸小紋に淡いトーンの帯を合わせ、帯締めにはっきりとしたアクセントになる濃い色をもってきています。

青み寄りの色で盛夏は涼感を強調

ベージュや水色を基調に、赤紫がアクセントに入った縞柄の夏きものは、牧山花さんによる草木染め。その絶妙な配色を壊さないよう、帯は青みがかったチャコールグレーの紗紬地を。相良刺繍で角唐草模様を施した青山 八木オリジナルの名古屋帯です。帯締めは帯の刺繍に合わせて、冠組の白群《びゃくぐん》。帯揚げは卵色で調和させます。

初秋の風情は赤み寄りで表現

上と同じ夏紬に、濃い紫の紗紬地の名古屋帯。長艸繍巧房による桔梗とススキの刺繍入りで、こちらも青山 八木オリジナルの帯です。グレイッシュな白の笹波組の帯締めと、淡いグリーンの帯揚げですっきりと。赤みを含んだ帯の地色と絵柄で初秋を連想させ、小物の色で涼しく見せる、8月後半のコーディネートです（着姿はP73）。

メリハリの効いた春先の帯合わせ

細縞が入った淡いピンクの本場結城紬に、茶系の濃淡でまとめた洛風林の名古屋帯。色のメリハリを効かせた、きちんと感のあるコーディネートです。結城紬と帯の高麗織の質感は、寒さが残りつつ春の訪れを感じる頃にぴったり。帯締めは帯に埋もれないよう、立体感のある冠組の香色《こういろ》。グレージュの帯揚げとともに茶系の帯合わせ。

トーンをなじませ控えめな甘さに

こちらは結城紬の淡いピンクを生かし、全体の色のトーンをなじませたパターン。帯は津田千枝子さんの型染めの名古屋帯で、オフホワイトの紬地にグレーや茶色などで抽象柄が施されているもの。藤色がかったグレーの帯締めでグレーを、薄茶の帯揚げで茶系の色をと、小物遣いで帯の中の色をバランスよく引き出しています。

ルール五

「ベストマッチ」で揃える

無駄のないワードローブ

妥協なく選ぶことでコーディネートがより自由に

私のきものの定義を変え、きものライフの出発点になったのは、青山 八木で最初に出合ったグレーの紬縮緬《つむぎちりめん》の小紋と石目地紋の名古屋帯のセットです。華やかになろうとがんばっていないけど、ニュアンスがあり、そしてどこか自分と似ている……。

実は当時、他の呉服店で初めて自分で誂えた鮮やかな青竹色の小紋を持っていたのですが、街中で着るには違和感があるなと感じていたのです。そんなときに「これだ！」と。気持ちがパチンッと定まった瞬間を、今でも覚えています。そして、これは森田流の着付けでなければと、森田先生の教室に通い始めました。

次に出合ったのが、しけ引きの小紋。今は紬中心のワードローブですが、最初の2枚は小紋だったのです。この小紋も合わせた洛風林の雲柄の帯とともに、「これってすごく私！」と思いました。シンプルに見えても個性があって。1組目ではモダンなおしゃれに共感し、この2組目で職人さんの技の話を聞いて、作り手の〝何か〟が感じられるものを少しずつ集めたいと思うようになりました。八木さん、森田先生に織物の組織などの話を教わったことで、自分のきものの好みがより把握できるようになりました。

この2組は今も新鮮な着こなしができます。また、違う帯とシャッフルもできる。自分と似たベストマッチを揃えていけば、コーディネートはしやすく、ワードローブに無駄がなくなります。

シンプルモダンな紬縮緬と石目地紋の帯

グレーの濃淡の市松ぼかしが入った小紋。撚《よ》り糸で織られた紬縮緬の生地が、シンプルな佇まいながらニュアンスを感じさせます。石目地紋のベージュ地に箔と刺子刺繡を施した染め名古屋帯は、帯芯を替えるほど愛用しているもの。帯締めは茄子紺と千歳緑を当初購入。年齢を重ねるにつれ、よりシックな紺なども合わせるように。

着るほどに愛着が増す職人技のしけ引き小紋

縦方向に繊細なグラデーションを効かせるという高度な技術で染められた水色のしけ引きの小紋は、卓越した職人の手仕事の技に目が開いた一枚。洛風林の袋帯「雲取《くもどり》有職文様《ゆうそくもんよう》」とともに、公美さんの個性に添う組み合わせです。帯締めは冠組の淡い単色から多色遣いの「三井寺」までと、小物との相性の幅が広いコーディネート。

ルール六

着付けをあなどらない

美しい着姿の決め手

目安は「ぐっと引いてシュッ」。肩甲骨を意識した体作りを

裾線や衣紋の抜き加減などの定番要素に加え、私が気をつけているのは、きものという直線の中にあるアール(曲線)。胸や前帯などのわずかなアールこそ、きれいに作り込みたい部分です。

帯揚げも、きれいに整えるべきポイントですね。シュッと入るところまでしごいてから、帯の中にぐっと入れますが、力を入れるのが怖いという人が多いようで、帯揚げを引く力が甘い着付けをよく見かけます。着付けは力の入れ加減や持ち手の角度の違いで、体に沿った美しい着姿になるか、扁平などになってしまうかが決まるもの。しかも、ぐずぐずと整えるより、一発で決めるほうがきれいに仕上がります。怖がらずにやってみましょう。

同様に、長襦袢の後ろ側、伊達締めの下をハの字にぐっと引くと、シュッと入るポイントがあります。そこが決まると衿が整いつつデコルテがリラックスするので、着心地がよく着崩れません。半衿の出し方など、美しい衿のおしゃれのポイントは年齢で変わります(P89)。私も調整していきたいと思っています。

きものと体幹、体の力の抜き具合がうまく連動するようになると、着姿はより美しくなります。例えば、年齢とともに肩は前に巻き込みがちですが、肩を開いて肩甲骨を正しい位置に整えると、自動的に股関節が入って内転筋が締まり、立ち姿が断然美しい。着姿に気をつけていると、体のトレーニングにもなります。

立ち姿で完成させるシンプルな付け下げ

「トレーニングで体を作れば着姿は美しくなり、着姿に気をつけていれば体も整います。着付けは、その後の身のこなしが伴ってこそ完成します」。相良刺繍の付け下げに、ベージュに銀の引き箔で桃を表現した洛風林の袋帯「西王母《せいおうぼ》」。帯締めは「三井寺」。

ルール七

長襦袢のおしゃれを楽しむ

チラリと見える効果

シンプルなきものならでは。遊び心が満たされる色と柄

ハレの日には、花菱地紋《はなびしじもん》の白の長襦袢(写真上)を着ますが、普段の袷のきものには、色柄のある長襦袢を合わせます。袖口からチラリと見せる密やかなおしゃれですが、案外、人の目につきやすく、着る人の遊び心やこだわりが表現できます。

例えば八草紬《はっそうつむぎ》など、草木染めの無地感覚の紬は、長襦袢によってきものから引き出される色が変わり、きものがピンクに見えたり、ベージュに見えたりしますので、帯や小物の色合わせもまた違ってきます。シンプルなきものだからこその楽しみですね。

私のお気に入りは、七宝をあしらった幾何学模様柄の長襦袢です。同じような柄のワンピースを持っていたことがあったので、初めてこの柄の襦袢を見たとき、「これ、私の柄だ！」と即決しました(笑)。薄いブルーなど、色違いで3枚持っています。

長襦袢はまず、自分の基本カラーで揃えると、どのきものとも相性がよく、使い勝手がいいと思います。やがて着慣れてきたら、濃い色や大胆な柄を取り入れ、遊んでみる。仕立ては、きものと同じところでお願いするのが、着付けもしやすく着崩れません。

夏の訪問着や付け下げには絽《ろ》、麻のきものには麻ですが、その他の夏のきものと単衣の時季には「未来襦袢」という薄手のものが重宝します。最近は4月でも25度を超える夏日がありますから、4月でも暑い日は未来襦袢でいいのではないかと考えています。

お気に入りの七宝柄のベーシックパターン

長襦袢は薄い色のものが多いそうですが、ベージュの八草紬に合わせたのは、公美さんのベーシックカラーのひとつであるサックスブルーの長襦袢。七宝をあしらった幾何学模様柄がモダンで愛らしい印象です。きもの、長襦袢ともに淡いトーンで揃えていますが、ベージュにブルーの組み合わせは、爽やかさが印象に残ります。

焦げ茶の更紗模様で個性的な着こなし

上と同じベージュの八草紬に、京都の『紫織庵《しおりあん》』で見つけた焦げ茶の錦紗《きんしゃ》に更紗《さらさ》模様が染め抜かれた長襦袢の組み合わせ。濃い茶色の長襦袢は公美さんには珍しいですが、きものからより落ち着いたベージュが引き出されます。2月頃の寒い季節に着るコーディネート。焦げ茶はクリーム色、水色、グレー、ピンクとも相性がいい色です。

ルール八

きものだけで考えない

髪型、メイク、おしゃれのトータルバランス

きもののおしゃれを磨くのは「対話力」と「引きの目線」

美しい着姿は、きもの、着付け、メイクなど、全身のトータルなバランスで成立します。自分の姿と好み、バランスを見極め、自分自身が「私のプロフェッショナル」になりたいものですね。

髪型はきもの生活でも大きなテーマです。フォーマルか街歩きかで髪のボリュームは変えますが、私は首が細長く見えすぎないよう、髪型の重心を下めにしています。産後で髪が薄くなったときは逆毛を立て、痩せて頬の影が気になるときは髪を顔に少しかけるなどの工夫も。小さなことで印象は大きく変わります。

フェイスラインのもたつきが気になる場合は、アップにするほうがスッキリと見えます。アップスタイルではもみあげが顔の額縁になりますから、その長さや形のバランスも実は重要です。

メイクで大切なのはアイラインです。江戸小紋など染めもののときは細めにすっと入れるとバランスがいいので、リキッドタイプを使います。紬のときはジェルやペンシルで描き、濃いめのアイシャドウで輪郭が出ないようにラインをぼかします。エキゾチックな柄のきものは、太めで少しはねたラインが似合いますね。

近代的な建物か緑の多い場所か、例えば東京や京都といった環境との関係性でも、考えるべきトータルバランスは異なります(P90)。自分自身の肌や瞳の色、きものや小物の色も時間の経過で変化しますから、その都度対話し、引きの目線で調整します。

訪問着にほどよい端正な髪型と小物

P43の訪問着に、生成りの地に金糸の更紗風模様の洛風林の紗袋帯「上代《じょうだい》印《いん》金《きん》唐花《からはな》」を合わせ、少しカジュアルに寄せた9月前半の装い。「美容院で髪をセットするなら、きもの姿の写真を見せながら、具体的に好みを伝えましょう」。小物遣いは、色のトーンを合わせて。

おめでたい配色の帯締めに滅紫色の結城紬

お正月を意識したコーディネート。滅紫《めっし》色の無地の結城紬に洛風林の袋帯(P9)を白に見立て、おめでたい配色の唐組の帯締め「幡垂飾《ばんすいしょく》」を。「ファンデーションはマットな結城紬に合わせ、ふんわりした質感の肌に。ツヤのあるきもののときには、ツヤのあるタイプを」

上質な紬に、小物で華と抜け感を添えて

秋をイメージした装い。緑みがかった焦げ茶の縞紬は田島拓雄さん作。P41の織り名古屋帯、ピンクみのあるベージュの帯締めと薄い水色の帯揚げで軽やかな華を加え、洋服の人の中でもなじむリラックスした雰囲気にまとめました。バッグの色もきものに合わせて。

column

公美さん流きものとのつきあい方を伺いました

きもの一問一答

Q　つい選んでしまうきものはありますか？

A　袷なら八草紬ですね。

青山 八木のオリジナルの草木染めの紬で、ブルーグレー、ベージュ、ピンク系のものを持っています。上質なカジュアルきものの中でも、ご近所に出かける感覚で気軽に着られる紬です。夏は便利な夏大島、冬は温かい結城紬につい手が伸びます。

Q　気に入っていても、なぜか出番が少ない一枚は？

A　田島拓雄さんの黄櫨染《こうろぜん》の紬（P33）。

何年もの間なかなか手にとれなかったのですが、最近はよく着るようになりました。子育てなどいろいろな経験を経て、クールな色ばかりだったのがピンクなどの甘い色も着られるようになり、この紬の赤っぽい茶色もなじむようになってきた気がします。帯も一本、すごく気に入って買ったのに使っていなかったものがあったのですが、これも最近よく締めるようになりました。洋服なら3年も着なければ、もうほとんど着なくなりますよね。でも、きものや帯は年齢とともにコーディネートの幅が広がり、着こなせるようになるものがあると思います。そこがまたきものの楽しいところです。

Q　今、いちばんほしいものはなんですか？

A　いっぱいありますが（笑）。

ひとつあげるなら、濃い色のつるんとした生地に華やかな絵羽模《えば》様が描かれた羽織がほしいです。パーティ用ですね。今までは縮緬の薄い色を選んでいましたが、色に対する感覚や心境が、年齢とともに変わってきたのかもしれません。

Q　お正月はきもので過ごしますか？

A　今年の元旦のお祝いは滅紫色の結城紬（P60）を着ました。

その後に八草紬で、温泉に行きました。きもので伺うことを事前に伝えておくと、姿見などを用意してくださるので、きもの旅にはやはり旅館が行きやすいかもしれませんね。

Q　憧れの〝きものマスター〟は？

A　**やはり森田空美先生ですね。**

私の永遠の憧れであり、目標。無理をした若づくりをしない、年相応の大人の色っぽさをお手本にしたいです。きもので生活する者としては心の母のような存在ですね。着付けをしていると、頭の中で先生の声がよく響いてきます。

Q　きもの姿が素敵だと思う方は？

A　大阪で『篁《たかむら》』を主宰されている平尾美智世さんの着こなしは、かっこいいですね。ポリシーを感じます。歌舞伎界の市川海老蔵さんのお母さまである堀越希実子さんのきものの選びは、妻として参考になります。青森で『暮らしのクラフト　ゆずりは』を営まれる田中陽子さんは、きもの愛が全身から滲んでいて、ご本人の美しさとして現れているよう。故・木村孝《たか》先生は、長い歴史と知恵が着こなしに現れ、大変、勉強になりました。私は先染め中心のワードローブですが、後染めの色彩感覚のお手本です。美智子皇后陛下の訪問着の美しさ、ご自身の身のこなしにも憧れます。

Q　旦那さまときものデートはしますか？

A　デートそのものをほとんどしたことがないのですが、森田先生の教室の新年会に、二人できもので参加したりしました。主人が50歳ぐらいになったら、一緒にきもので歩いてくれるんじゃないかなと勝手に想像して、楽しみにしています。

Q　こっそり教えてください。お持ちのきものでいちばん高価なのは？

A　**越後上布です。**

これから糸がどんどん太くなっていきそうと聞き、当時の自分にとっては、ちょっと背伸びしているかなと思いつつ決めました。「よくがんばりました。これからもがんばってね」と、主人からの出産祝いでした。

Q　好きな染織作家を3人選ぶなら？

A　織物最高峰の作り手、田島拓雄さん。現代的なセンスが私の雰囲気にもぴったりだと思う、勝山健史さん。そして、とても締めやすい型染めの帯の作り手、津田千枝子さん。どの方も私のワードローブには欠かせません。

Q　ご家族から譲られたきもの、どうしていますか？

A　時代のかなり古いものは、大事な思い出の品として取ってあります。

ただ、普段着るようなものは袖丈や袖の形などが今のファッションとしては空気感が違うので、着ていません。そのかわり、母も青山八木のセンスが好きなので、「今日は田島さんの紬にする」「じゃあ、私も！」とペアルックを楽しむことがあります。

Q　仕立てにこだわりはありますか？

A　袷の八掛は、きものと同色にしています。衿の繰り越しは五分に。一時期、衿を抜きたくて八分にしていたのですが、自分には五分が合うなと思うようになりました。お茶用に京都で誂えた色無地は、身巾をいつもより広めにして、繰り越しも開かないように誂えました。

Q　きもので出かける先のお勧めは？

A　買ったお店に着ていくのはどうでしょう？

何より喜ばれますし、着こなしのアドバイスももらえるので、実はいちばんのお勧めです。帯締めや帯揚げなど、小物を替えると印象がまた変わることがわかりますから。街では銀座や日本橋。上野の『道明《どうみょう》』も楽しいと思います。友人と行くなら歴史のある洋館など、写真を撮ったときに気分が上がるところに。1人なら美術館へぜひ。きものを汚す心配もなく、ゆったりと過ごせます。

Q　薄い色のきものは汚しそうで、緊張します

A　焼肉を食べに行ったり、子どもと公園の砂場で遊んだり、いろいろ実験してみたのですが、今は汚れ防止のパールトーン加工も優れていますし、ついた汚れも悉皆《しっかい》に出したら落ちましたから、きものは意外と大丈夫だと安心しています。むしろ、気をつけているのは帯ですね。食事の場では、膝上に自分の厚手のハンカチを敷いて、いただいたナプキンを帯上からかけ、しっかり保護するようにしています。

Q　妊娠中もきものを着ましたか？

A　8ヵ月目にきもの教室の師範科の試験を受け、出産直前まで着ていました。当時はきもののサイズを大きくしておき、出産後にいつもの寸法に仕立て直しました。妊娠期は腰がつらいですが、帯で腰が支えられ、またお太鼓というクッションを常に背負っている状態ですから、意外と快適でした。足腰が覆われている

ので温かくもありました。お腹がせり出しているときは、靴より草履のほうが楽でしたし、足袋は足全体を引き締めますから、朝から履いているとむくみ防止に効果がありました。雨コートは、きもの教室の友人が二部式のものを貸してくれました。

Q　ゆかた初心者にお勧めの帯は？

A　献上《けんじょう》柄の博多帯ですね。

麻の半幅帯は厚みがあって意外に締めるのが難しいので。博多のしゃきっとした感じはゆかたに似合いますし、補整をせずに着てもしっかり押さえてくれます。大人の女の人を色っぽく見せるアイテムだと思います。

Q　夫にもきものを着せたいのですが……

A　言葉でいうよりも、自分できものを着こなして、思いっきり楽しんでいる姿を見せるのがいいと思います。男性は楽しそうだなと思えば、自分から興味をもちますよね。そしてチャレンジしたときは、「似合ってる！」とたくさん褒める。一緒に出かけたいときは、「これを着て、歌舞伎に行かない？」と具体的に行き先をあげて、イエスと返事するように誘導しましょう（笑）。

Q　京都できものを着ていくなら？

A　草履の『祇園ない藤《とう》』、つげ櫛の『十三《じゅうさん》や』、扇子の『宮脇《みやわき》賣扇庵《ばいせんあん》』など和装小物のお店によく行きます。食事へもどんどん着ていきます。京都ではほぼ和食です。京都に限りませんが、きもので食事に行くと、たいていお店の方は皆さん、気を遣ってくださいますね。

Q　家にある帯と訪問着を合わせるには？

A　例えば、おばあさまに譲られた思い入れの深い帯があって、ということなら、それに合ったきものを新たに誂えるのがいいと思います。時代が違うと色みなどがフィットしないので、今あるものの中から相性のいいものを選ぶのはかなり難しいのではないでしょうか。訪問着は特に組み合わせて揃えないと、きものと帯の両方が主張し合ったちぐはぐな着こなしになりがちです。「私はこの帯がすごく好き」という気持ちできものを誂えれば、帯が引き立つコーディネートが完成し、自ずと自分らしくなりますよ。手持ちの帯に合わせてきものを選ぶ場合は、呉服店に必ず帯を持参して、自分が着た〝景色〟を小物まで揃えて成立させてから、お財布を広げましょう。きものだけを見て「この柄、素敵！」とキュンッとなってすぐに広げるのは、タイミングが早すぎますから。手持ちのきものに帯を合わせるときも同様です。

羽織るもの

カーディガン感覚で楽しむ羽織は、普段のきものの着こなしには、必須のおしゃれアイテムです。加えてハレの日用、雨の日用、そして防寒のための冬のコートも含め、公美さん流の上物スタイルを拝見します。

寒い季節の濃い色の紬も、羽織で軽やかに

薄いグレー地に、箔散らしと刺繍で繊細な金のラインが裾を中心に入った羽織。羽織の下は、光で色の出方が変わる滅紫色の本場結城紬に袋帯というP60のコーディネート。控えめな色の羽織紐に合わせ、帯締めを無地の桔梗色にし、帯周りを調和させています。

蛍ぼかしの羽織。
優美な春の装い

公美さんの〝勝負服〟の一枚、田島拓雄さんの上質な光沢感のある薄いグレーの紬に、淡いピンクの縮緬地に蛍ぼかしの羽織を合わせて。ホワイトデーの頃のご主人との外出を意識し、帯は桜模様の染め名古屋帯を。ワードローブの中では珍しい季節の具象柄の帯です。

基調はブルーグレー。
洗練の日常スタイル

青山　八木オリジナルの八草紬は、ブルーグレーの小格子柄。本田利夫さんの草木染めの紬です。羽織は、落ち着いた水色の平織の染め生地に箔と銀糸刺繍で控えめに水玉を配したもの。黒地に白の更紗模様の染め名古屋帯は、仁平幸春さん作。羽織紐がアクセント。

白生地から誂えた晴れ着専用コート

晴れ着用にと誂えたコートは、勝山織物の塩蔵繭の白生地を、長市《ながいち》松《まつ》柄の地紋が立つ淡いピンクに染めたもの。衿は道行衿の変形。ニーズに迫られて作った一枚ながら、訪問着の色を損なわないトーン選びと上質な絹の素材感に、着る人の洗練されたセンスが表れます。

縮緬地の小紋をコート仕立てに

小格子柄の縮緬地の小紋をコートに仕立てて。きものを着始めた初期に作ったものですが、今でも重宝しているそう。防寒には衿元のファーと長手袋を着用。コート下の紬は、勝山健史さんの「有水羽絹」(P17)。上物は、繊細なきものや帯を保護するちりよけの役割も。

気候や天気の変化に応じて上物のおしゃれを楽しむ

帯付きで出歩くのはマナー違反という時代がありましたが、気候が変わった現代では、暑くてそうはいきませんよね。ですから羽織は、11月上旬ぐらいから肌寒い季節に着ています。ワードローブは袷2枚と単衣1枚。特に単衣は重宝します。夕方は寒くなりそうかなというときに、風呂敷に包んで持って出かけたり。

羽織が一つあれば、きものと帯1セットだけというときでもコーディネートの幅が広がります。帯締めを替えて、帯周りの色合わせをバイカラー、トリコロールカラーと展開も可能。羽織紐を主張の少ないものにして、帯合わせをしやすくしています。

羽裏《はうら》は、段霞《だんがすみ》などの控えめな柄です。でも、男性が羽裏に凝るのは大好きですね。例えば主人は、自分が好きなスケルトンの時計の裏側を絵柄におこして羽裏に。大胆で格好いいです。

羽織丈は時代で変わってきましたが、今はやはり長め。スタイルがよく見える丈を考え、すべて同じ長さで統一しています。

袷の季節の雨コートは、しじら織の薄い黄色とグレーの2枚(写真上)。この2色があれば、どのきものにも合わせられます。夏用も、グレーと少しピンクが入ったものの2枚を揃えています。

冬のコートは納得できるものを何年も探していたのですが、青山八木でロロ・ピアーナのカシミア生地を見つけました。コート類はシルエットが重要ですから、必ず仮縫いをして仕立てています。

雨コートは、きもののライフの必需品

単衣のロートン織に、グレーの格子柄の雨コート。衿の形は森田空美先生好みです。バッグは、替え足袋や濡れたものを入れるポーチなどが入る大きさの、エルメスのバーキン。盛夏は透け感のある素材の雨コートを着用しています。コートはすべてパールトーン加工済み。

夏のきもの

暑い盛りに、涼やかにきものを着こなしている女性は、周囲の目にも美しくエレガント。涼感を演出するコツはどこにあるのでしょう。憧れの上布から身近なゆかたまで、公美さんの夏スタイルをご紹介します。

夏の涼感、季節の移ろいを着こなしで表現

ベージュ、水色、赤紫などの縞柄の牧山花さんによる夏紬を、濃い紫の紗紬地に長艸繍巧房による桔梗とススキの刺繍が入った名古屋帯と。帯締めはグレイッシュな白、帯揚げは淡いグリーン。「日が陰ってヒグラシの声が聞こえてくるような、晩夏のイメージです」

ツヤとハリの素材感で涼を呼ぶ宮古上布

紺地に古典的なナンミンタマ模様の宮古上布は、糸の細さに惹かれた上質な一枚。ダイヤ柄の藤布の帯に、鎌倉組の帯締めで引き締め、水色の帯揚げで清涼感を演出。梅雨明けからお盆入りまでの盛夏ならではのおしゃれです。バッグは渡辺竹清《ちくせい》さん作の「煤竹《すすたけ》波《なみ》網代《あじろ》」。

風を孕んで涼やかな、越後上布の佇まい

白地に細かい絣模様が織り込まれた越後上布は、雪国生まれらしい控えめな佇まい。これだけ繊細な糸はもう作れない可能性があると知り、求めたもの。ふわっとした素材感が風を含んで涼やかです。藍染めの芭蕉布《ばしょうふ》の帯に小石柄の帯締めで。ご主人からの出産祝い。

夏の外出時の必需品も清涼感を感じさせるものに。ハンカチは、膝掛け用の大判と標準サイズのレースのものと、汗を拭き取りやすい小型のタオル地の3枚を使い分けます。右上の透明ポーチは『和光』で求めたもので、便利な防水加工。夏のおしゃれアイテム、白檀扇《びゃくだんせん》も。

夏のきもののおしゃれの楽しみは素材感と透け感の使い分けに

夏のきものの楽しさは素材感ですね。上質な麻の織物である上布のパリッとした気持ちよさや、絹は絹でも、上原美智子さんのあけずば織のように羽衣みたいなふわっと軽い心地よさがあったり。

生地に透け感があることで、夏にしかできないおしゃれも楽しめます。長襦袢を白にするか、色のものにするかで、コーディネートの選択がまた増えるのです。例えば白い宮古上布の中に、水色の麻の長襦袢を着て青を透けて見せたり、グレーを着て氷合わせのイメージにしたり。真っ白にしても涼感が生まれますね。

きもの選びの幅も夏は広いです。晴天の日で、上布を着るほど気合を入れなくてもいいけど、さらさらした着心地のものが着たいというときは白鷹織《しらたか》を選びます。雨が降りそうな日は夏大島。ゲリラ豪雨覚悟なら小千谷縮。ほぼ毎日きもので過ごした夏は、夏大島と夏塩沢をローテーションしていました。花織や草木染めの紬も、その日の気候や自分の気分と相談して選んでいます。

「雨なら着なくてもいいのに」という声が聞こえてきそうですが、きもの好きとしてはやはり着たいものなのです(笑)。きもの仲間と東京・駒場の日本民藝館に行ったとき、豪雨で帯から下がずぶ濡れになったことがあります。そのとき着ていたのが小千谷縮。雨があがったあと、歩いているうちにすっかり乾いていました。自分で洗えますし、夏には本当に便利な素材だと実感しました。

古典柄と宮古上布で 優美な涼やかさ

しっとりした素材感の白地の紗紬に御所解模様が描かれた名古屋帯と、紺地の宮古上布（P74）。古典柄とも合う包容力は上質な宮古上布ならでは。小物は色数を抑え、ブルーの濃淡ですっきり。絵柄の水の流れの清涼感を引き立てます。これほど洗練された表現の帯の作り手は今やいないという残念な現状も。帯締めは唐組の「白菊」。

ブルーの濃淡が 効いたモダンな装い

新里玲子さんのベージュの宮古上布（P11）に、山下健さんの生絹《すずし》を用いたロートンと絣の織り名古屋帯。ブルーの濃淡が波にも見える模様の帯です。上のコーディネートがクラシックなら、こちらはモダンな印象と、タイプの違う夏の上布の2つの装い。帯締め、帯揚げとも同じくブルーの濃淡ですが、より濃い色を合わせています。

ゆかたの楽しみ

ゆかたコレクションの一部。色柄には選んだときの心模様がよく表れているとか。例えば柳の柄は、お子さんと京都で暮らしていた時期、ご主人と離れて寂しかったときに選んだ一枚。綿縮緬《めんちりめん》に長板《ながいた》中形《ちゅうがた》染めの牡丹柄には、ミス日本になってきものに目覚めた頃のうきうきしていた心情が重なります。朝顔柄はお母様のお見立て。

夏の心模様を映すゆかたの色柄。職人の技にもリスペクト

「大人の女性なら夏はきちんとしたきもので」という考え方は私も大好きです。でも、夜にゆかたを着てお祭りや花火大会、屋形船などに出かけるのは、日本の夏ならではの楽しみですよね。

絹と違って綿のゆかたは、汗でしっとりして少し肌にくっつくぐらいが気持ちよく、セクシーでもあり、そんな自分を楽しむこともできます。自宅で洗えますからサンドレス感覚で気軽に着られますし、人で賑わう場所でも気を遣いません。値段も手頃なので、普段は着ないような大胆な柄も選びやすいです。

私も「注染《ちゅうせん》のぺらんとした風合いもいいわね」「今年は作家さんのかな」と、毎年、そのときの気分に応じて作っています。作家もの以外は『竺仙《ちくせん》』で、紺や白の伝統的な柄が好みです。日本人女性のあまり化粧をしていない肌をいちばんきれいに見せてくれるのは、その2色だと思うからです。実は小さい頃から、夏はゆかたを作ってもらうのが習わしで、それがとても楽しみでした。ゆかたを着ると、そんな少女の心に戻るのかもしれませんね。

ゆかたは、きもの以上に自分の心模様が出る気がします。子どもがよちよち歩き始め、一緒にお祭りに行けるようになったときに買ったゆかたは、嬉しくてしょうがない気持ちが手に取るよう。その一枚を選んだときにどんな心情だったか、見ればすぐ思い出します。色と柄だけなのに面白いですね。そうした色柄に職人の技と心意気が詰まっているところも、ゆかたを好きな理由です。

粋に着こなす、綿紅梅の江戸ゆかた

綿紅梅《めんこうばい》素材に生き生きと鮮やかな鯉の柄は、高橋常兵衛さんによる長板中形染め。少し改まって半衿と足袋を着用し、献上博多の八寸帯に帯締めを締めました。竹製のバッグは、本田青海《せいかい》さん作。天が朱で巻を黒塗りにした下駄は、祇園ない藤で誂えた「おしゃま」。

京都の夏にも似合う、優美な鉄線の柄

別宅のある京都では、祇園祭などにゆかたでお出かけ。無地感覚が好みの公美さんには珍しい、白地に藍で鉄線《てっせん》を染めた一枚です。帯はラベンダー色の麻の半幅帯。人混みの中で帯が崩れないよう、ガラスの帯留めを通した帯締めをして。バッグは愛用する渡辺竹清さんのもの。

藍染めの絞りに白の献上博多できりっと

「きもので生きていく」と決めたあとに、青山 八木で出合った安藤宏子さんの本藍染め。絞りを2度施すなど、作り手の心意気に感動した一枚。コーディネートは潔く、お気に入りの白の献上柄の博多帯と。常に清潔にきりっと締められるよう、同じ帯を2本用意。

旅のきもの

きものライフ上級者の公美さん。旅にきもので行くことも多いそうです。
家族と行く一泊二日の旅、友人との二泊三日の旅の2パターンで、
気分が高まる〝きもの旅〟のコーディネートを、教えていただきましょう。

一日目　ベージュの結城縮にラベンダー色の帯

二日目　同じきものに型染めの帯で印象を変えて

一泊二日のきもの旅

家族3人での箱根への小旅行。小物は少し余裕をもって

主人に時間ができると、息子と家族3人でよく出かけています。お正月に温泉に行ったときも、きものでずっと過ごしていました。行き先はいろいろですが、車で移動することが多いので、箱根などは住まいからちょうどいい距離で行きやすいですね。

一泊二日の小旅行なら、きものは一枚にして、帯を二本持っていきます。帯締めと帯揚げは、日数より多めに用意しておくと、その日の天気や気分に応じたものを選べて楽しいと思います。

箱根の場合は、彫刻の森美術館や芦ノ湖周辺など、自然が近く虫もいるので、気軽に洗いに出せるきものであることがポイントですね。この小さな十字絣を織り出したベージュの結城縮がそう。着やすいうえに、旅先でも上品な印象を与えてくれます。

帯は、上原美智子さんのラベンダー色の名古屋帯で立涌《たてわく》が織り出されたものを締めて出かけます。きものも帯もシンプルですから、帯締めは多色遣いの唐組にしました。二日目は、津田千枝子さんの名古屋帯で印象を変えます。茶色地にブルーやグレーを使った独創的な更紗調の型染めです。

寒暖の差やちりよけに、ショールが一枚あると重宝します。

きもの①

きもの②

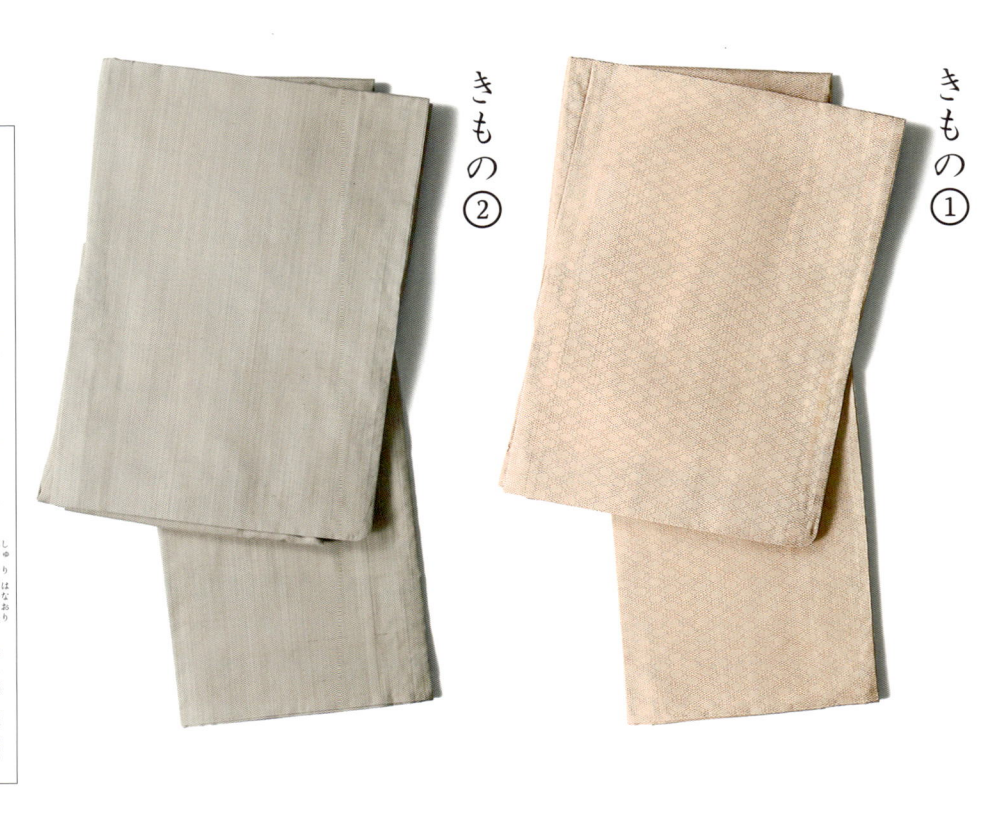

①淡いピンクが上品な、山口良子さん作の首里《しゅり》花織《はなおり》の無地。旅先でも、光沢のある端正でドレッシーなきものが一枚あれば重宝します。②藤井繭子さんの草木染めの紬は、無地感覚で着こなせる淡いグレーの絣縞。カジュアル向きですが光沢があり、おしゃれな印象。

二泊三日のきもの旅

訪問先に応じて着こなす 友人との京都旅ワードローブ

きもの仲間との旅は京都に行くことが多いです。友だちには、「普段は夢の中にいるようなのに、旅先では元気になるね」と笑われるのですが、私は自分で旅のしおりを作るほど、計画を立てるのが大好き。旅のしおりは、きものの胸元に入るサイズにして(笑)。偶然を楽しむ余地はもちつつも、きもの旅に計画性は大切です。

食事の店も予約しておくといいですね。例えば格のある料亭に行くことがわかっていれば、ふさわしいきもので出かけられます。光沢のある花織などは、旅先でもグレード感が引き出せます。

二泊三日なら、持ち物をリモワのトランク半分に収めていきます。〝念のためグッズ〟の中でもワンピースは特に重要。ホテル内のスパに行きたいときや、きものを脱いだあとにルームサービスを頼んで、「あ、脱いじゃった」というときに役立ちます。冬はカーディガンも加えましょう。きれいな風呂敷を一枚余分に持っていくと、開いたトランクの上に目隠しにかけたり、畳の部屋の場合のマナーとして、トランクの下に敷くこともできます。

あと、きもの旅のお勧めは、半衿二枚重ねの技。きものに合わせて半衿の色みを変えたいとき、一枚取るだけなので楽ですよ。

帯①

帯②

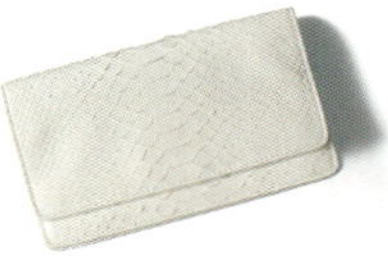

E バッグ

A 帯揚げ

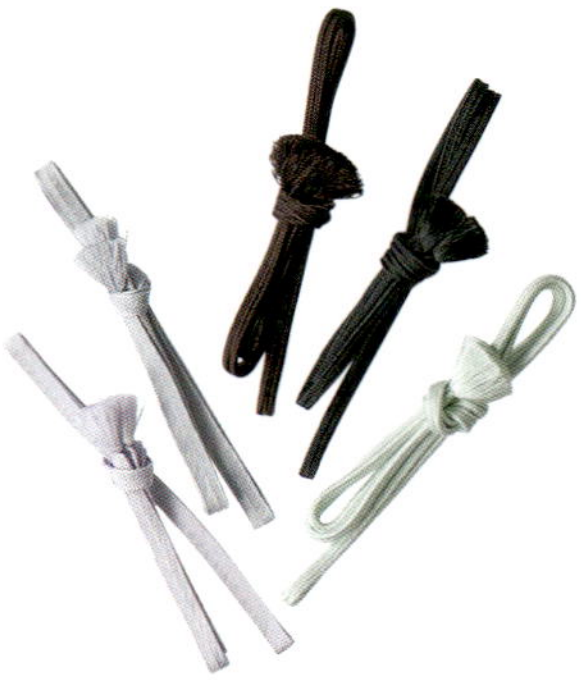

B 帯締め

F 足袋

G 草履とカバー

C 雨具

H 替え草履入れ

D ワンピースと靴

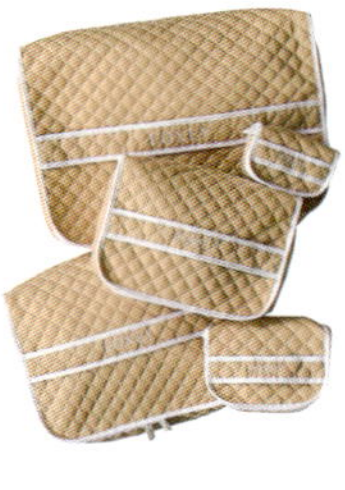

I ポーチ

J 敷紙とハンガー

①染め名古屋帯、②織り名古屋帯。**A** 淡い3色（サーモンピンク、クリーム色、グレイッシュな水色）と挿し色（紺）を用意。**B** 公美さんの定番色の焦げ茶と茄子紺に淡い色を加えて、コーディネートを幅広く。**E** 夜の食事などのお出かけに便利な小ぶりのクラッチバッグ。**I** 肌着やアクセサリーの収納用に大小のセットを愛用。フォクシー製。**J** ホテル、日本旅館ともにあると安心な2品。

一日目 淡いピンクの首里花織で旅をスタート

きもの①＋帯①

初日は京都の美術館をめぐるイメージで、首里花織と染め名古屋帯のコーディネート。帯は公美さんのお気に入り、津田千枝子さん作の型染めのもので、オフホワイトの紬地にグレーなどニュアンスのある色で抽象柄が施されています。藤色がかったグレーの帯締めで。

二日目 食事を楽しむ日には、織り名古屋帯で

きもの①＋帯②

首里花織のきものに、焦げ茶に銀ねずの西洋華文が織り出された洛風林の高麗織の名古屋帯を合わせ、初日より少し改まった印象にまとめました。日中は街歩きをし、ランチやディナーには京都ならではの料亭やレストランに出かける日を意識したコーディネートです。

三日目 帰途に着く日はカジュアルなグレーの紬

きもの②＋帯①

長距離の移動もある最終日には、草木染めの紬と型染めの名古屋帯でカジュアルに。帯揚げ、帯締めともに濃い色を挿して、効かせる帯合わせにしています。錦市場で食料品やお土産を買って帰途に着きます。お土産類は、トランクの残り半分の空きスペースに入れて。

column

公美さんのこだわりをひもときます

きものにまつわる11のヒント

「着始めるタイミング」

何かを始めるとき、「○○が片づいてから」と考えることはありますよね。でも、きもの仲間と話していると、子育てが終わったと思ったら親の介護が始まったり、更年期で体調が変化したり……と、女性の人生には「ほっとしてから」というタイミングは永遠にない気がします。私の場合、授乳期は断念しましたが、出産間際まできものを着ていました。また、子育てで気持ちに余裕がなくなったときには、きものを着ることで癒やされたりもしました。年代に応じて似合う着こなしもあります。着てみたいと思ったときが、始め時なのだと思います。

「自宅でのお手入れ」

きものには何かにつけ、「どうすればいいの？」ということがあります。残念ながら、それがきもの自体を億劫に見せているようですが、お手入れもそのひとつ。でも、意外に簡単に済むことが多いのです。綿のゆかたや麻の小千谷縮は洗濯機で洗っていますし、麻の長襦袢も、衿芯を取って洗濯機に。洗ったあとは、軽く絞って形を整え、きもの専用ハンガーで干します。毎日のお手入れとしては、着た直後にブラシをかけ、吊るして湿気を抜きます。吊るす場所は家に1つあれば大丈夫。我が家では天井にポールをつけました。雨が降ったとき、取り込んだ洗濯物もかけられて便利です。

「きものを着る前日」

長襦袢の半衿付けも含め、きものの準備は前日の夜に済ませておきます。コーディネートを考えるときは、「そろそろ桃の花が咲きそう」「海開きが待ち遠しい」「栗のスイーツが食べたい」など、自分の気分をヒントに、季節、気候を反映させます。例えば、秋とはいえまだ暑いときは、秋っぽい感じは出しつつ、小物の色みを暑苦しくしない。足し算、引き算でバランスをとります。天気予報が外れても慌てないよう、コーディネートは2パターン考えましょう。当日の光を見て、どちらにするかを判断します。

「美しい衿のために」

長襦袢には三河芯《みかわしん》を縫い付け、プラスチックの衿芯は使っていません。三河芯は体温で温まると体になじみ、衿のカーブがきれいに出ます。付け替えは、シーズンごとのお手入れのタイミングで。やわらかものは衿が張っているほうがきれいですが、八草紬などは適度にふにゃっとなっているほうが可愛らしく見えると思います。

　面倒に思われがちな半衿の縫い付けは、基礎を押さえれば、作業は簡単で時間も短縮できます。針は半衿に対して斜めの角度で刺すと、すっとなめらかに入ります。縫うには全部の指を使って、くいくいっと効率的に動かせるとスムーズに仕上がります。

　美しい衿のために着付けで気をつけたいのは、腰の深いところで合わせるということ。衿元だけで揃えがちですが、そこはひとまず置いて、深く合わせて伊達締めをかけてから、細かいところを整えます。衿のベストな合わせ位置は、喉のくぼみが少しかぶるぐらいを目安にしています。私は肩が張って首が細長いので、少しでも下がると、〝疲れた未亡人〟風に見えてしまうからです。若々しく品よく見せるポイントは、喉のくぼみの見える量です。

「〝色〟を見る目」

感覚を研ぎ澄ますには、目に見えるものを好きなものに絞ります。いろいろなものを見ようとすると、「これとこれも合うんじゃない？」と、色合わせが甘くなることも。森田先生がおっしゃる「目が濁る」状態ですね。冷静に考えれば自分とは合わない男性でも一緒にいる時間が増えることで、「好きかも？」と勘違いしてしまうのと同じです(笑)。

　目が育つと、奥に隠れている色が見えてきます。ベージュの奥にある黄色や、茶色の奥にある藍であったり。となれば、色合わせがいっそう楽しくなります。憧れの人のコーディネートや自然の景色、絵画、表具、お菓子などの色の組み合わせを参考に、色合わせの記憶のストックを増やしていきましょう。景色や心象風景を言葉で切り取った『万葉集』の和歌などから配色をイメージし、小物に落とし込むのも楽しいですよ。

「京都と東京、光の違い」

土地によって、似合う色は変わります。例えば京都のように、水分を含んだような黄みがかった赤みの強い光のもとでは、やはり友禅のきものが似合います。以前、母に買ってもらった小紋や訪問着は京都の家に置いて、いつでも着られるようにしています。自然が多い京都では、小物もグリーンが重宝します。一方、東京のようにコンクリートに反射した青っぽい光に照らされる都市では、グレイッシュな色を含んだきものが映えます。青山八木のきものがまさにそう。また東京には、控えめで辛口なセンスを素敵だとする文化もありますね。

メイクも同様に、例えば、東京で合う色のチークは京都ではしっくりきません。そして、京都でちょうどよかった色は、東京では地味に見えるのです。

「夏の暑さ対策とインナー」

インナーは上下に分かれているものを着ています。立ったり座ったりしたときにヘンに引っ張られることがないのと、中からぐっと引っ張ることで調整できるのが気持ちいいからです。夏は楊柳《ようりゅう》や汗取り用のあしべ織を使ってもいます。

着付け時に汗をかき、クーラーの強風でせっかく整えた髪がぐしゃぐしゃに……。夏によくある話ですよね。着る前に、大きめのファスナー付きのビニール袋に肌襦袢と裾よけを畳んで入れ、冷蔵庫で冷やしておくといいですよ。着ている間は、身八つ口から手を入れたあたりに、さらしなどで包んだ保冷剤を挟んでおくと、酷暑対策になります。

「職人の手仕事、仕立ての美」

この10年ほどの間にも、「糸がない」「織れない」「できる職人がもういない」という話を何度も聞きました。本当に残念です。買う側の私たちには、そんな中でもいい心がけをもち、技を尽くして作り続けている人たちの気持ちをキャッチして、応援することがつくづく必要だと思います。

若い人たちにも、優れた職人の手仕事を教えてあげたいですね。例えば、仕立て。折り目がきれいに入るように仕立てられたきものは、着ていても気持ちがいいし、着姿も美しい。すっきり畳めるので、収納も楽。それとは対極にあるのが、夏の安価なゆかたです。手軽に着られる目的で作られた既製品ですから、それをもって「洗ったらくちゃくちゃになった。きものってつまらない」と早合点しては、あまりにもったいない。まずは注染の綿コーマ地などで、自分にぴったりのサイズで誂えたゆかたに挑戦し、プロの仕立て師の縫う力を体験してほしいですね。本物のきものの奥にある、日本人の美意識のようなものを感じられると思います。

「収納について」

「桐のタンスは必要ですか?」とよく聞かれます。収納はきものの取り出しやすさで決めるのがいい、というのが私の考えです。私は、畳紙《たとうし》がそのまま収まるオープン式の桐の棚を並べたクローゼットで収納しています。畳紙の右下には、きものや帯の名称を筆で書き入れています。

　畳紙にきものの写真を貼り、ファイルにもまとめていた時期がありました。でも、それに振り回されるのはよくないなと捨ててしまいました。作家名や買った値段を気にしていると、斬新なコーディネートはできにくくなりますから。

「きものと断捨離」

きものは、昔なら最後は座布団の生地に活用されたほどリサイクルができる素晴らしい織物です。その分、断捨離しづらいのですが、「自分とは違っているな」というきものは、取っておいてもほぼ着ることはありません。私もきもの好きの方から、「もう着ないものだから」と譲っていただいたことがあります。洗い張りできれいになった反物の状態だったのですが、「新たな気持ちで自分のサイズにどうぞ」という気配りが感じられ、お手本にしたいと思いました。

　毎回きちんと選んでいても、好みが変わることはあります。そんなときは、着られなくなったことを残念に思うより、似合う誰かを見つける楽しみにシフトする。身内に限らず、似合う人に譲るという感覚が一般的になるといいですね。

「プロと先達のアドバイス」

　呉服店によっては、着る人の好みより、作り手がいいと思うものや売り手から見て似合うものを勧められることがあります。お店の人に「きものとはこういうもの」といわれると、そうなのかなと思ってしまいますよね(笑)。でも、どんな自分に見せたいかは自分で選ぶもの。何より自分が好きだと思えなければ、着ていても高揚感がありません。プロのアドバイスを聞きすぎないことも、時には必要なのです。

　初心者のうちは、街中で会ったきものの先達のおばさまに「あら、ここはこうよ」と教えていただくこともあるかと思います。自分の好みとは違うアドバイスだったとしても、ひとつの情報として受け取って、「そうなんですね。ありがとうございます。勉強になります(ニコッ)」とお返事しておきましょう。

私らしさの秘密

小物類は脇役とはいえ、着姿のおしゃれ度を左右する存在です。
その日の気分、気候、季節を、絶妙な小物遣いで表現する公美さん。
アイテムごとのこだわり、選択眼について伺いましょう。

帯揚げ

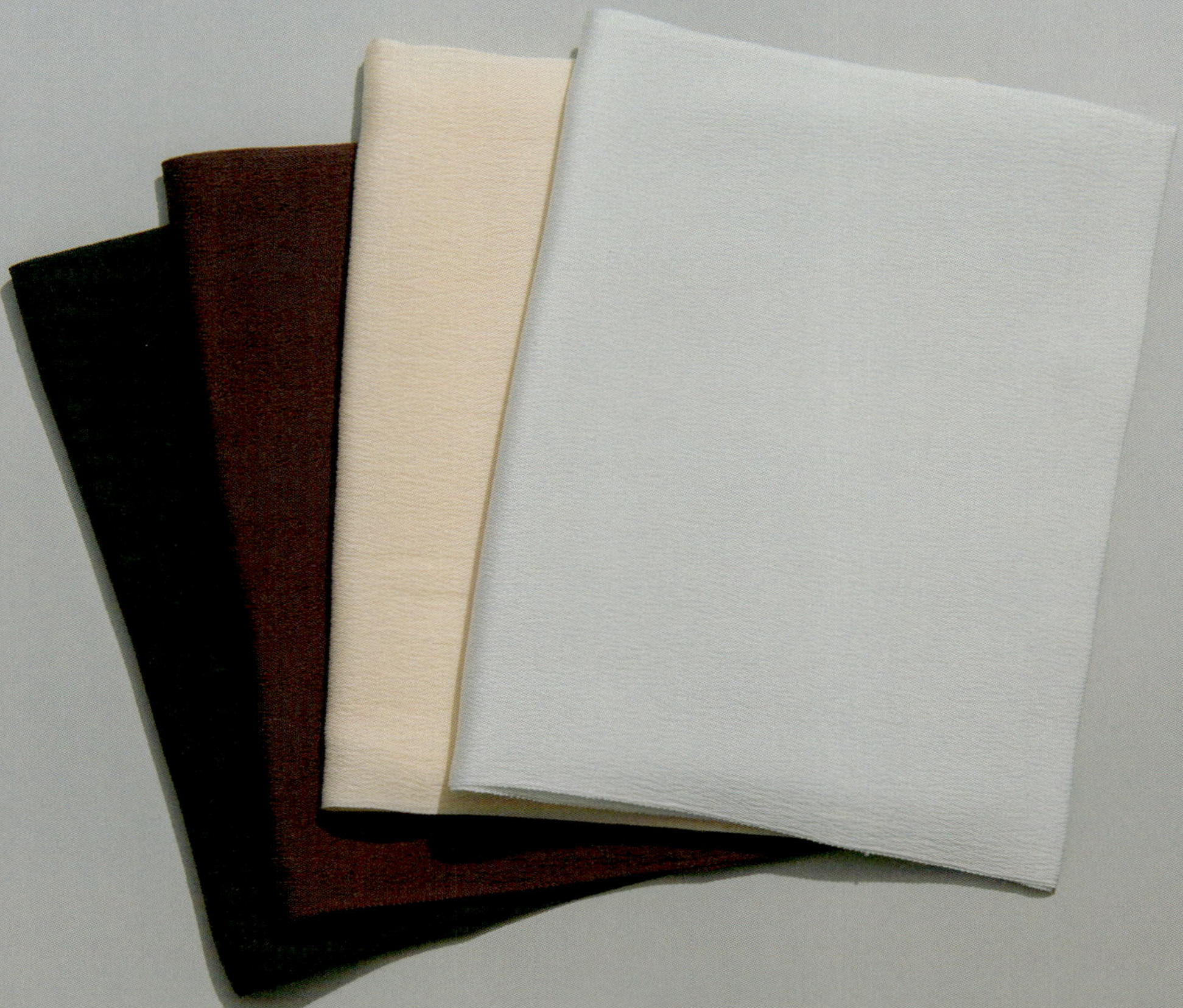

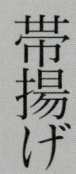

〝奥にある色〟と素敵な色合わせ

袷の時期の帯揚げは、青山八木の無地の縮緬を使っています。卵色が最初の一枚でした。よく活躍するのがこの4色。サーモンピンクやグレイッシュな水色（藍ねず）とともに、薄い色は初心者にも乗せやすい色です。きものの奥にある色が見えてくると、濃い色も使えるようになりますが、濃い色のデビューにお勧めは紺色。きものは染料に藍を含むものが多いので、合わせやすいのです。赤みのある焦げ茶も懐の深い色です。

帯揚げは、帯から引き出した1色、帯締めと反対色、もしくは帯締めの色との相性がいい色をもってくると、素敵な色合わせになります。

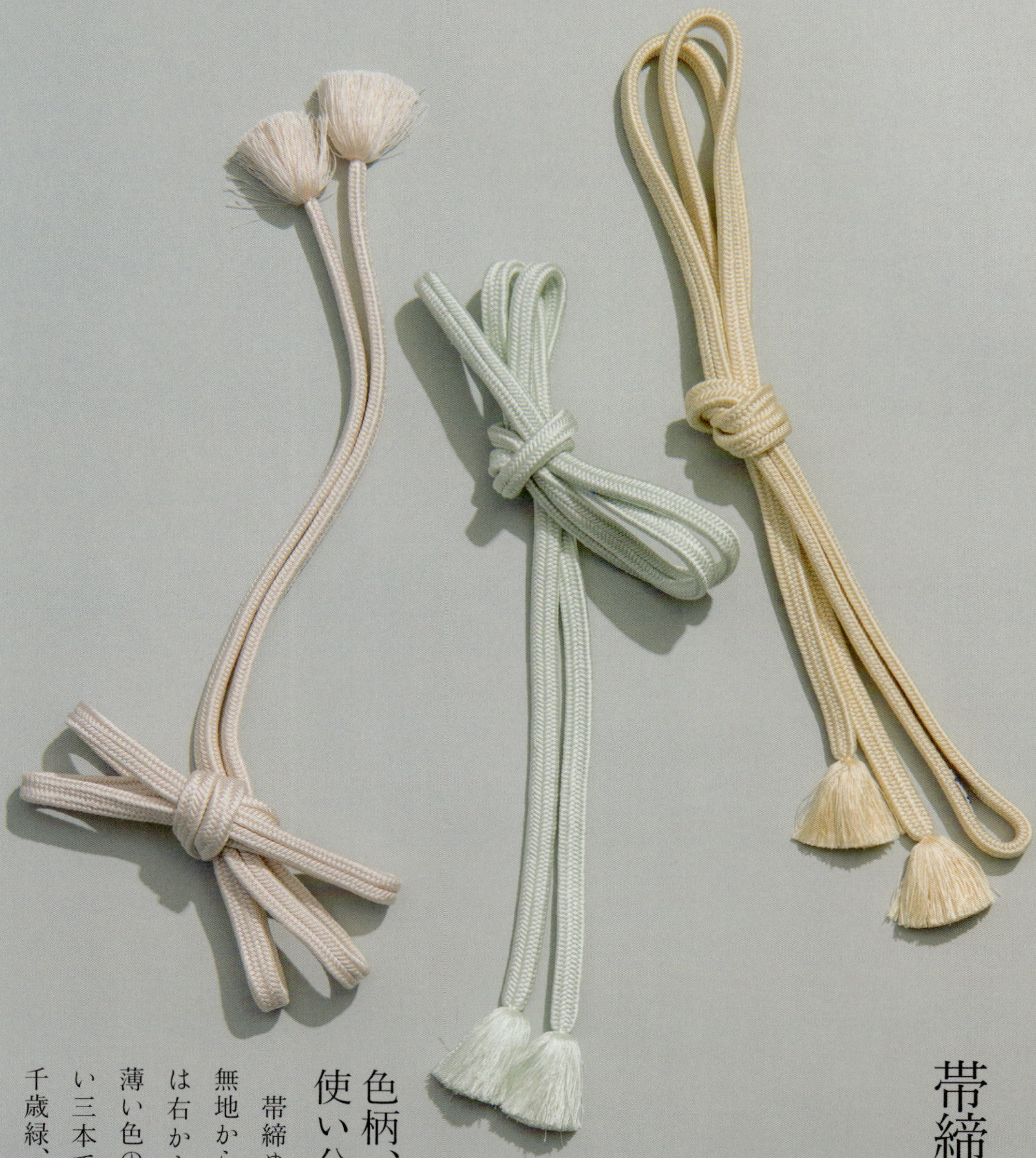

帯締め

色柄、組み方使い分けのコツ

帯締めも、薄い色と濃い色の無地から揃えました。上の写真は右から石黄《せきおう》、浅葱《あさぎ》、一斤染《いっこんぞめ》。薄い色のスターターにふさわしい三本です。濃い色は焦げ茶、千歳緑、茄子紺が便利。帯揚げ

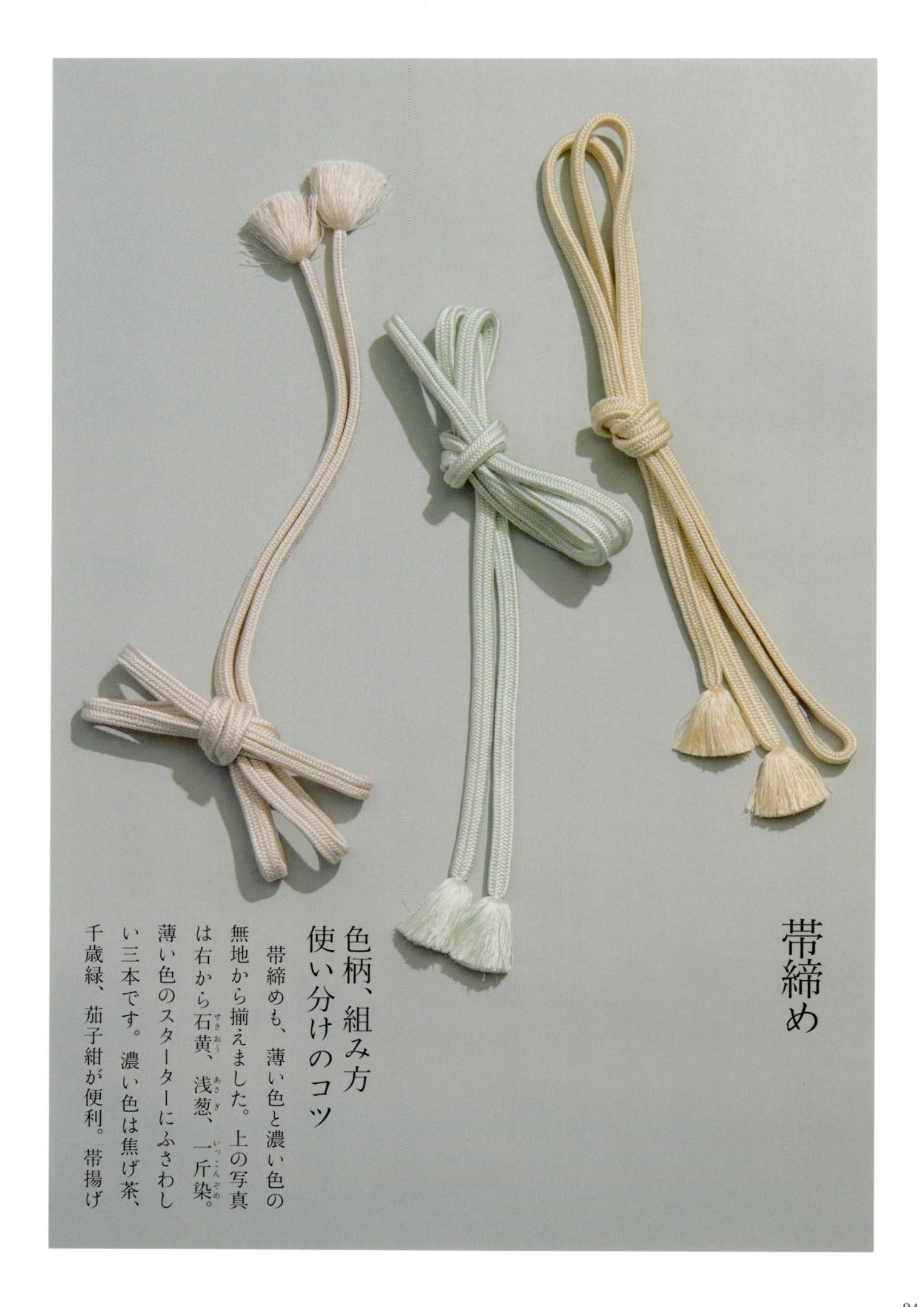

同様、薄いクリーム系の色は、特に使いやすい色です。
　帯の柄を立たせたいときは、帯の柄と同系色の帯締めを選びます。帯締めには、立体感のある冠《ゆるぎ》組や、平坦で薄手の笹波《ささなみ》組、唐《から》組のほか、御岳《みたけ》組や鎌倉組など異なる組み方があり、ボリュームや存在感がそれぞれ違います。帯の柄や素材、着て行くシーン、自分の気分などに応じて、それらを使い分けます。
　青山 八木オリジナルの色も含め、私の帯締めはすべて東京・上野の『道明』製です。この先作れなくなる組み方もあると知ってから、年齢を経て使いたいと思うものもコツコツ揃えています。美しく、締めやすい帯締めの技術が、無事に継承されることを心から願っています。

半衿

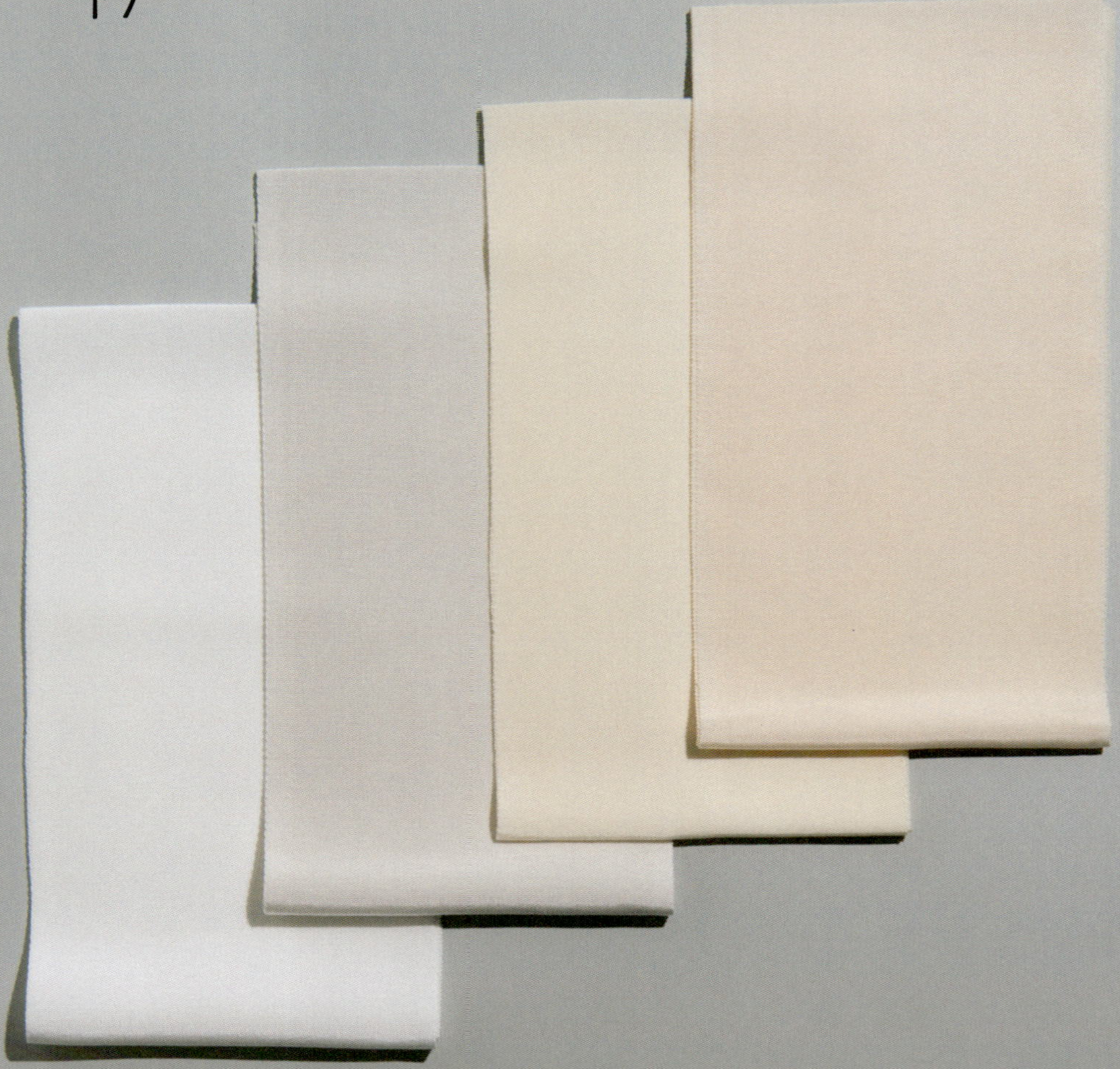

うっすらひと色
美しい肌色の秘密

少しの分量なのに、着る人の個性がよく表れるのが半衿です。私のこだわりは「ひと色かかった半衿」。普段のきものには、真っ白な半衿より少し色みがあるほうが肌なじみがよく、適度なカジュアル感が出せます。サーモンピンク、クリーム色、グレーにうっすら染められた半衿は、青山 八木の隠れた名品。色みはきものと肌との相性で、肌色が明るくなるものを選びます。

素材は、袷にはほぼ塩瀬《しおぜ》の半衿です。年齢を重ねれば、縮緬も使えるかもしれませんね。

夏もひと色かかった半衿ですが、麻のきものには麻、絹には絽縮緬のものを使用。帯揚げの素材も半衿に準じています。

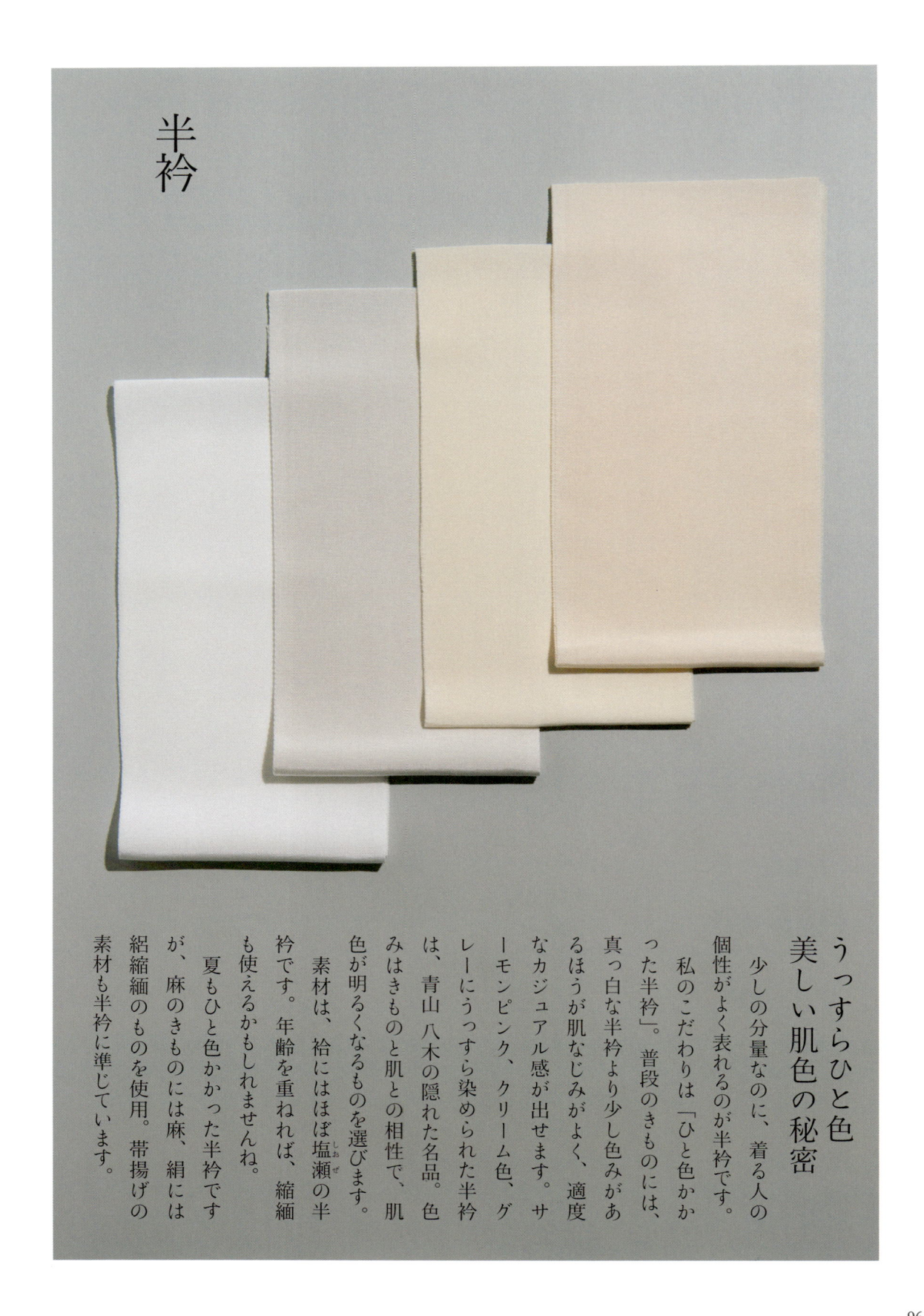

足袋

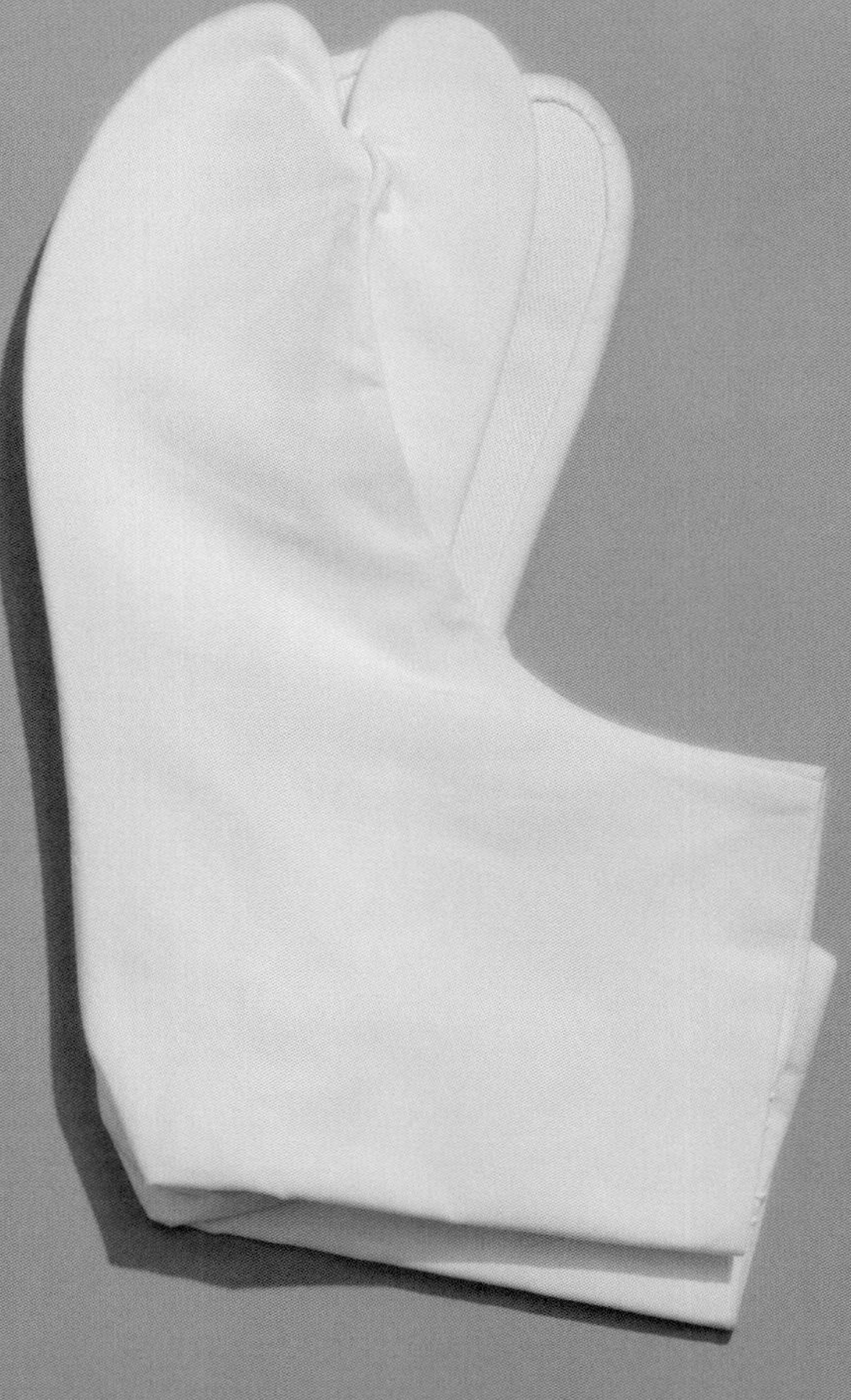

優れた職人の手仕事
お誂えの足袋

「小股が切れ上がった」と女性を褒める言葉がありますが、おそらく昔、きものを正しく着て、足袋を正しく履ける女性は体に歪みがなく、景色として美しかったのではないでしょうか。細かな採寸によってぴったりに誂えられた足袋を履きながら、そう思うことがあります。

私は京都の『植田貞之助商店』で誂えました。美しく足を包み、支えてくれるお気に入りの足袋です。しかしこちらも後継の問題で、新規客を受けられなくなったと聞いています。

きものを着続けるほど、優れた職人の手仕事を守りたいとつくづく思わされます。この足袋もまさにそんなアイテムです。

履きもの

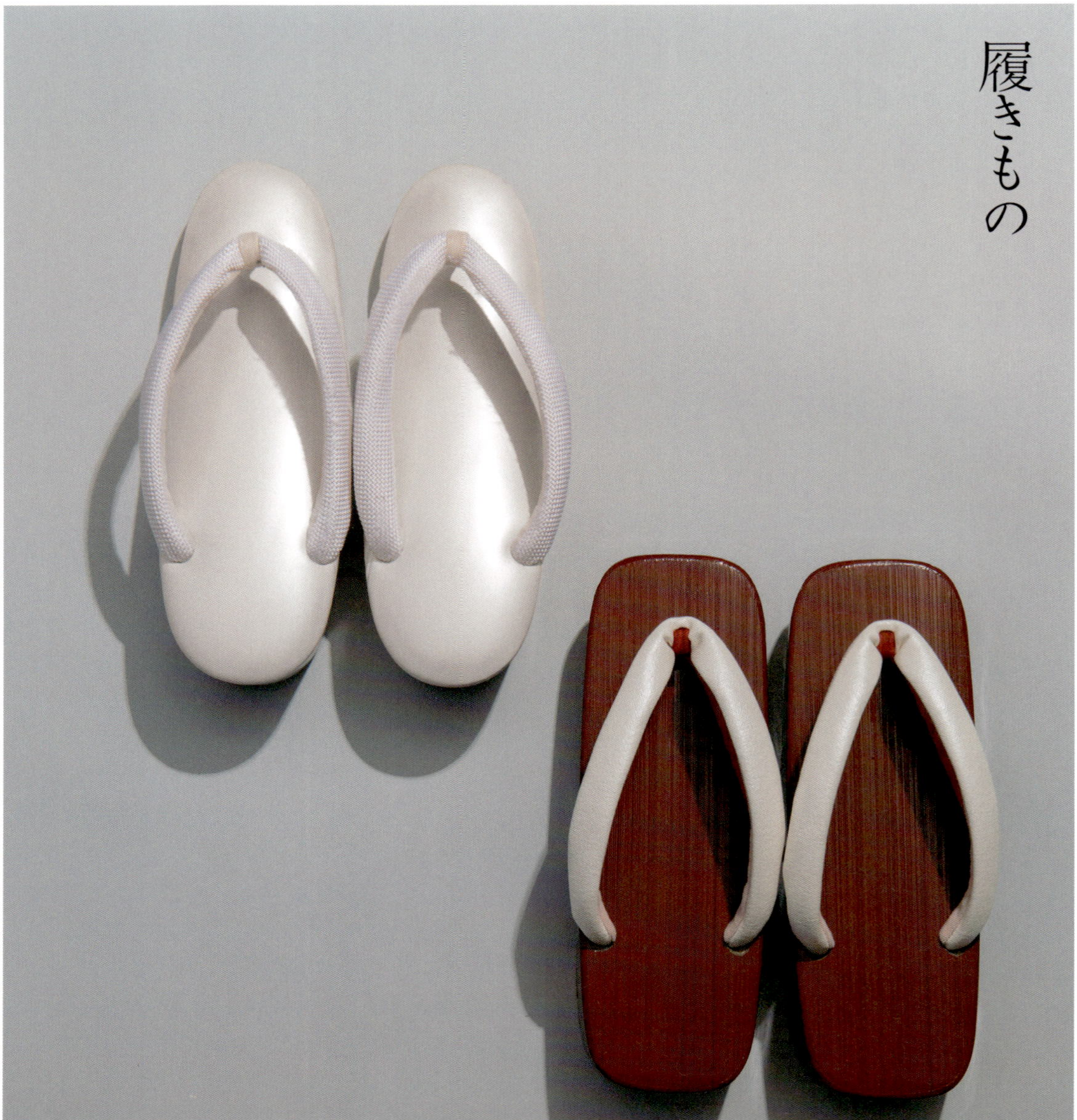

溺愛する草履と祭りに似合う下駄

パールの入った白の草履は、中綿がたっぷり入ったタイプで履きやすく、軽くて歩くのも楽な、私の〝溺愛アイテム〟のひとつです。ですが、ここでも残念ながら職人の方の高齢化が……。草履を新たに開拓するのが、今後の課題になっています。

森田先生の足元は、鼻緒が帯といい相性だったりして、いつも最高におしゃれです。拝見するごとに、私もこれからは鼻緒にまでこだわりたいと思います。

下駄は、京都の祇園ない藤で作った「天刷毛目朱塗《てんはけめしゅぬ》りの後丸《あとまる》下駄」。いい赤ですよね。「おしやま」（P79）と白木の下駄とともに、夏祭りのときに大活用しています。

バッグ

手仕事感を宿した上品なクラッチ

バッグもきものの着こなしの中で存在感をもちますから、違和感のあるものだと悪く目を引き寄せてしまいます。理想は「出すぎず引きすぎず」です。

この2点のパーティバッグは、いろいろ探した末に見つけたもの。私のきものスタイルに似合うすっきりクールなロドのエナメル製クラッチと、クラシックで端正な和光の金細工クラッチです。どちらも、ほどよい手仕事感を残しつつ、フォーマルのかっちりした佇まいというところが気に入りました。

普段の紬に持つバッグは、洋服と同じです。「80歳になっても持てるものしか持たない」と、選りすぐりに絞っています。

特別な日

飛び切りの帯は特に大切に

P23で卵色の訪問着と合わせた山口安次郎さんの袋帯は、私のワードローブの中でも飛び切り特別な一本です。この配色は山口さんにとって珍しいものですから、他にもそうない帯ではないかと思っています。

清廉さを損なわないよう、特別な日のためのセットとして、帯、帯揚げ、帯締めは一緒に収納しています。ハレの日に使う小物は遊びませんから、組み合わせを崩すこともありません。

1粒パールの帯留めは、30歳のときに母からプレゼントされたものです。普段は帯留めをしませんが、パーティで特に華やかにしたいときは、ブローチを帯留めとして使ったりもします。

銀ねずの織りのきもので、シックな華やぎ

紫が入った銀ねず色の菊池洋守さんの八丈織に、黒の明綴《みんつづれ》地に銀糸で更紗段文が刺繍された名古屋帯。パールの銀細工ブローチを帯留めとして。バッグはドルチェ&ガッバーナ。帯とブローチはお母様から贈られたもの。パーティにふさわしいシックで華やかな装いです。

special column

〃きものライフ〃鼎談

きものをもっと楽しむために

きもの好きの間でもファンの多い京都の洛風林社長、堀江麗子さんと、きもの教室を主宰する曽田茜子矢《あこや》さんのお二人を迎え、きものライフの楽しみを語ります。

時代の空気と感動する心が生むデザイン

公美　最初からダイレクトに聞いてしまいますが、きもの仲間の間で、作り手と着る側の買い手との間でギャップがあるのではという話がよく出るんですね。洛風林さんは着る人の感覚をしっかり摑んでおられますが、そこがわからず困っている呉服業界の方たちって、実は多いのではないでしょうか。作り手という現場の目線では、どんなことをお感じになっていますか。

堀江　うちは主に帯を作らせていただいていますが、私の場合は漠然と「こんな方だったらこういうのがお好きかな」とイメージしながら、配色したりもするんです。季節の花のお色や、東京に来たときには銀座の街並み、お店に飾ってある洋服の色合いなど、いろいろなものを見て、印象に残った色が配色に出てくることもあります。帯は、小売屋さんによってきものと小物との合わせ方が異なりますし、お召しになる方でも表現が違います。公美さんの着こなしもそうですが、そこから教えていただくことが多いんです。ずっと京都にこもって、着る方のことを知らずに作るだけでは、独りよがりになると思いますので、小売屋さんとコミュニケーションをとって、お客様の声を聞かせてもらってもいます。それは作り手にとってすごく大事なことで、何かしらのキャッチボールができることで物づくりへの意欲もまた湧くと思うんです。

公美　たしかに洛風林の帯は、コミュニケーションをしっかり交わされている帯ですよね。「東京の街中を歩いている女性がほしいのはこんな配色」と熱心に研究されていて、愛情をもって作られているなと感じます。今日締めてきた帯は、麗子さんが配色されたものなので、私は「麗子さん」と呼んでるんですよ(笑)。

堀江　ありがとうございます(笑)。このところピンクに惹かれてまして、それを配色に入れてみたら、八木さん(青山 八木の八木健司氏)が「いいピンクだね」と仕入れてくださった帯なんです。

公美　スモーキーな、まさに時代に合った旬のピンクですよね。だからこそ、今、締めやすい。それに「今日はこんな私になりたい」と印象を変えて遊べる幅も、洛風林の帯にはあると思います。そ

「私はこれでＯＫ」と太鼓判を押し続けることで美しい着姿になります

れも、着る側にいる私たちとの見えないコミュニケーションをしっかりとってらっしゃるからなんですよね。

堀江 帯は重要なアイテムではあっても、あくまで和装の1つのパーツですから、お召しになる方が最終的に完成させるものだと思っているんです。幾通りもある組み合わせの中から、その方なりの着こなしができるのが、きものの醍醐味でもあり、帯屋冥利に尽きるんだと。ですから、想像以上に素敵に着こなしてくださっているのを直に拝見して、今日はすごく嬉しいです。

曽田 組み合わせを楽しめるというのは、着る側にとって大きいですよね。数少ない手持ちのものとどう合わせるかと考えながら選ぶ楽しさがありますから。きっと麗子さんが感じているものが、帯に表れていると思うんです。作り手の顔が見えるもの、その方の意図がわかるものは、やはり魅力的に感じます。麗子さんとは同世代なのですが、今の感覚を上手に取り入れていますよね。創作の中でも、やはり心がけていらっしゃることですか。

堀江 今の時代の空気感は大切にしていますね。でもそれは、感動する心がなければ表現できないものなんです。16世紀のイタリアの布を見て震えるほど感動したり、野の花の可愛らしい色に美しさを感じたり。うちの帯には遊べる幅があるといってくださいましたが、祖父には「物づくりには遊び心がないとだめだから、楽しんでしなさい」といわれていました。美しさへの感動であったり、人の気持ちが入っているもののほうが、これからの時代はわかってくださる方がいらっしゃる気がしています。

「せめぎ合いコーデ」と「色遊び」

公美 あこやさんは、やわらかもののコーデを自在に楽しんでますよね。やわらかものって、普段着るなら多色遣いのきものになるでしょ。帯も柄の入ったものになるから「柄オン柄」になる。それって私からすると、とても難しく思えるんです。

曽田 「柄オン柄」はきものの醍醐味ですからね。その中でも、私は小紋が大好きで。小紋にもいろいろあり、ワンピース感覚で合わせることもできるので、若い方は特に、いくつか小紋のバリエーションをもっておくと、付け下げや訪問着より便利なんですよ。

堀江 あこやさんしかできない、きれいな色の組み合わせもよくなさってますよね。それがまた、とっても似合ってはる。

曽田 洋服だとちぐはぐになる色も、きものだと何とかなるので、自由にやっちゃってます(笑)。私は「せめぎ合いコーデ」と呼んでいるんですが、いかにきものでしか許されないような色や柄の組み合わせに挑戦するかを、自分のテーマにしているんです。洋服では着にくい華やかな色でも、きものだったらトライしようかなという感覚があるので。

堀江 おしゃれでお召しになるときは、その方らしい感覚や個性で、組み合わせを冒険するのもいいですね。

公美 きものを着ていると、その「自分らしさ」に必ず向き合わなければならないんですよね。

堀江 お洋服は流行などを押さえておけばほぼ間違いないですが、きものの場合は、幾通りもの組み合わせを自分なりに表現するものですから、その人らしさが出るんですよね。ただきものは、知識など外から固めてしまうところもあるので、「この色みが着たい」とか、ご自分をどんどん出されたほうがいいと思いますね。

公美 「今の私の気分」を重視するのは、大事ですよね。

堀江 それが、着心地のよさにもつながりますしね。

曽田 でも、そこにたどり着くまで、私の場合は高い授業料を払いました(苦笑)。当初は、安くて着回しがききそうなものを、わからないなりに買っていたんですが、結局そういうきものって、今

洋服ではちぐはぐに思う
華やかな色合わせも、
自分らしく自由に挑戦を

帯もきものも、
人がお召しになってこそ
完成されるものなのです

は全然着ていません。最初は自分の好みもわからないんですよね。何が似合って、何がしっくり着られるのかが。憧れるきものと自分が似合うもののギャップもあったりして。だから、信頼できる呉服屋さんに早く出会えた公美さんは、お幸せに思いますね。

公美 今の時代って、目の前に「遊んでごらん」ときものというトランプを置かれても、遊び方がわからないからばば抜きしかできない、って感じだと思うんです。本当は100万通りの遊び方があったのに、それが失われた時代なんですよね。だから、あこやさんは柄オン柄のせめぎ合いコーデ、私なら色遊び、というのが遊び方のサンプルのひとつですね。遊び方のパターンが増えれば、自分の表現の仕方がわからない人の参考になると思います。「私はこんな遊びをしているからお勧めよ」という人がたくさんいれば、高い授業料を払わずに自分なりのきもののスタイリングができる時代になるんじゃないかな。ただ、そこにたどり着く前に、優れた作り手さんの寿命が来てしまうのだけが怖いですね。

〝リアルクローズ〟として楽しむヒント

曽田 きものを着ていると、周囲の人が優しくなりますよね。着ている側も、女度が間違いなく上がりますし。

公美 女性であることをすごく意識しますよね。よく「どこにきものを着て行ったらいいですか」と聞かれるんですが、「今度の休みにこのきものを着るぞ。じゃあどこに行こうかな」と、着ることを先に決めるのがいいと思います。きもので行ったら素敵な場所はどこか。そうだ、あそこにカフェができてたから行ってみよう。あの淡い色のインテリアにこのきものが合いそう、とかね。

堀江 素敵な考え方ですね。私はこの年になって、ようやくきものが自然に着られるようになってきて、今、いちばん楽しいかもしれないです。きものを着たいというお友達も増えてきて、先日も骨董屋さんのお勉強会に一緒にきものでと誘ってもらったんですが、いろんなジャンルの方がいらして、すごく勉強になりました。

曽田 私もきものを着たいという人が周りに増えてきましたね。お食事がいちばん行きやすいですが、教室の生徒さんときもので京都にというイベントを作ってみたりも。去年はきものを着たいという男性のために、お寿司をきもので食べにいくという企画を立てたら大盛況で。カウンターにきものの男女が座ってね。

公美 お友達同士でも、楽しい企画を立てるといいですね。

堀江 公美さん、きもので普段のお出かけをするとき、御髪《おぐし》はご自分でやりはるんですか。

公美　基本的には。小さいときにバレエをやっていたから、シニヨンを作るピン使いには慣れていたんです。でも、ボブやショートにしてヘアアイロンで伸ばすだけ、と割り切るのもいいと思いますよ。ハードルは乗り越えずに避けちゃう(笑)。

曽田　私は本当に不器用なので、お稽古のときは別として、あとは自分でやらないと決めました。2000円ぐらいでささっとまとめてくれるセット専門のサロンもありますから。

堀江　髪型が決まると、スイッチが入りますからね。

公美　髪型とともに、季節の悩みもありますよね。私、実は単衣推進派なんです。たとえば4月でも10月でも暑い日はありますから、実状に合ったきものがいいと思っていて。

堀江　まったく同感です。私はお仕事で着ることが多いのですが、暑い日に無理して袷を着ていると、着心地がよくなくて皆さんにも辛い空気を放出しそうで。基本をわかっていながら、あえて単衣を着ていますということなら、全然いいと思いますね。

曽田　私も賛成です。ほんと、暑いですもん。

堀江　お二人のように発信される方が増えれば、今の時代に合った新しいルールができていくんじゃないでしょうか。

――最後に「美しい着姿の決め手」についてお聞かせください。

曽田　きものはどれも同じ形なんですけど、その方の「らしさ」が着姿に出ていらっしゃる方は素晴らしいと思いますね。

公美　例えば、くしゃっとした着方でも綺麗な人っているでしょ。あれってご本人が自分にOKを出しているからなんですよね。だから、衿が開いていても髪が乱れていても、その人の味になる。逆にびしっと決めていても心の中に恐れがあると、それが見えてしまう。常に「私はこれでOK!」と自分に太鼓判を押し続けることで、自分らしさにも近づけるんじゃないでしょうか。

堀江　本当に。その方の自信、内面が出ておられる方は美しいですね。人生を重ねて、遊び心や心の余裕ができて、それで美しく着こなせるのかなというふうに思いますね。

堀江麗子 Reiko Horie
京都府生まれ。大学卒業後、アパレル会社を経て、1998年に家業である洛風林に入社。2011年8月より代表取締役社長に。自ら手がける帯のデザインにファンも多い。

曽田茜子矢 Akoya Soda
東京都生まれ。幼い頃から和の習い事に親しみ、30歳を機に本格的に着付けに取り組む。『あこやきもの教室』主宰。ブログ「ボンジュールきもの」での情報発信も人気を集める。

さいごに

この本は、内側からも外側からも私を癒やしてくれた「きもの」の力を、より多くの人にお伝えしたい。そんな願いを汲み取ってくださった方々とのご縁が奇跡的に繋がって生まれました。

ライターの八幡谷真弓さんが私の言葉の糸を紡ぎだし、編集の山本忍さんが織り上げてくださり、わたしの拙いながらの一生懸命が一つの形になっていくのをとても楽しみにしながら、ついにこの日を迎えることができました。

『美しいキモノ』編集担当の吉川明子さんと試行錯誤しながら、「リアルクローズとしてのきものをお見せする」をテーマに、そのとき私ができる精一杯をぶつけてきました。いま連載も4年目に入って、この本で出し切った世界の次の景色が見え始めてもいて、きものがこれほど長きにわたって私をワクワクさせてくれることに驚いています。

私の世界観を広げてくださった八木健司さん、徹底的ともいえる美意識ときもの愛を体現してくださる森田空美先生、このお二人とのご縁を私に繋げてくれた母、そして、いつの間にか何よりの理解者となっていてくれた主人。知らないきもの用語と格闘しながら私をサポートしてくれた佐藤佑樹マネージャー、山本さん、八幡谷さん、吉川さん、他にも数々の皆様のお力添えがあってここまで辿り着くことができたことを、心より感謝します。

この幸せが、この本を手にとってくださったあなたを幸せの輪に導いてくれることを祈りつつ、感謝の言葉で締めくくりたいと思います。

きものにたずさわる人、もの、すべてにありがとう。

河村公美

河村公美 Kumi Kawamura

静岡県出身。2002年に第34回ミス日本グランプリ受賞。06年にアーティスト河村隆一氏と結婚、09年に出産。結婚10年を機に芸能活動を再開する。きもの好きの母のもと、子どもの頃からきものに親しんできた。自身もきもの好きが高じて、きもの研究家の森田空美氏に師事。現在、ハースト婦人画報社「美しいキモノ」にて連載をもつ。「きものから遠ざかっている人が多い中、きものに親しみをもてるよう、普段着としてきものを着ること」を提唱している。

※本書は、「美しいキモノ」（ハースト婦人画報社）2013年秋号から2016年冬号まで掲載されたものに、追加撮影、取材をして構成したものです。

撮影・・・・・
奥村恵子（人物）
平郡政宏（P19、40、55、73）
宮脇 進（P43、59、61）
嶋田礼奈（物、鼎談）
川名秀幸（P84、85）
中村淳（P76、77）

ヘアメイク・・・・・
金田恵理子
小田切ヒロ（ラ・ドンナ）、きくち好美、SAKURA（アルール）、高橋亜希（アンベリール）、谷川一志（カインド）、松原志津枝、光倉カオル（ダイナミック）

撮影協力・・・・・
森 由香利
小田洋子、田中久美子

構成・・・・・
八幡谷真弓

ブックデザイン・・・・・
若山嘉代子 L'espace

取材協力・・・・・
オスカープロモーション
八木健司（青山 八木）
東洋文庫（P26～27）

講談社の実用BOOK
毎日《まいにち》、きもの
2017年4月13日 第1刷発行

著者 河村公美《かわむらくみ》

発行者 鈴木 哲
発行所 株式会社 講談社
東京都文京区音羽2-12-21 〒112-8001
電話 編集 03-5395-3529
販売 03-5395-3606
業務 03-5395-3615
印刷所 大日本印刷株式会社
製本所 株式会社若林製本工場

ISBN978-4-06-299871-0